2020
中国新闻出版统计资料汇编

国家新闻出版署 编

图书在版编目（CIP）数据

2020 中国新闻出版统计资料汇编/国家新闻出版署编．—北京：中国书籍出版社，2020.10
ISBN 978-7-5068-8003-9

Ⅰ.①2… Ⅱ.①国… Ⅲ.①出版社–出版物–统计资料–汇编–中国–2020 Ⅳ.①G239.21

中国版本图书馆 CIP 数据核字（2020）第 183296 号

2020 中国新闻出版统计资料汇编
国家新闻出版署　编

责任编辑	李雯璐
责任印制	孙马飞　马　芝
封面设计	楠竹文化
出版发行	中国书籍出版社
地　　址	北京市丰台区三路居路 97 号（邮编：100073）
电　　话	（010）52257143（总编室）　　（010）52257140（发行部）
电子邮箱	eo@chinabp.com.cn
经　　销	全国新华书店
印　　刷	北京九州迅驰传媒文化有限公司
开　　本	787 毫米×1092 毫米　1/16
印　　张	12
字　　数	310 千字
版　　次	2020 年 11 月第 1 版　2020 年 11 月第 1 次印刷
书　　号	ISBN 978-7-5068-8003-9
定　　价	139.00 元

版权所有　翻印必究

目　录

二〇一九年全国新闻出版业基本情况 …………………………………………（1）

一、图书出版

全国各类图书出版数量及与上年相比增减百分比 …………………………（15）

中央出版单位各类图书出版数量及与上年相比增减百分比 …………………（19）

地方出版单位各类图书出版数量及与上年相比增减百分比 …………………（23）

全国出版图书用纸量 ……………………………………………………………（27）

全国出版图书用纸量与上年相比增减百分比 …………………………………（27）

使用《中国标准书号》图书出版数量中各类图书所占百分比 ………………（28）

全国各地区图书出版总量 ………………………………………………………（29）

全国各地区各类图书出版数量 …………………………………………………（30）

全国各类少年儿童读物出版数量 ………………………………………………（56）

全国各地区少年儿童读物出版数量 ……………………………………………（57）

全国课本出版数量 ………………………………………………………………（58）

全国课本出版数量与上年相比增减百分比 ……………………………………（58）

课本出版数量（中央出版社） …………………………………………………（59）

课本出版数量与上年相比增减百分比（中央出版社） ………………………（59）

课本出版数量（地方出版社） …………………………………………………（60）

课本出版数量与上年相比增减百分比（地方出版社） ………………………（60）

全国各地区课本出版总量 ………………………………………………………（61）

全国各地区各类课本出版数量 …………………………………………………（62）

在地方图书出版数量中各省（自治区、直辖市）所占百分比 ………………（69）

全国图书出版数量（书籍、课本、图片） ……………………………………（70）

使用《中国标准书号》各类图书的平均印数、平均印张、平均定价
和平均印张定价 ………………………………………………………………（72）

各地区使用《中国标准书号》各类图书的平均印数、平均印张、平均定价
和平均印张定价 ………………………………………………………………（75）

各类课本的平均印数、平均印张、平均定价和平均印张定价 ………………（98）

全国少数民族文字图书出版数量与上年相比增减百分比 ……………………（99）

全国少数民族文字图书出版数量 ………………………………………………（100）

二、期刊出版

全国各地区各类期刊出版数量 …………………………………………………（104）

全国各地区少儿期刊、画刊出版数量 …………………………………………（108）

各类期刊占期刊出版总数的百分比 …………………………………………………… (109)
主要刊期的期刊出版数量 ……………………………………………………………… (110)
各类期刊的平均印张和平均定价 ……………………………………………………… (111)
全国少数民族文字期刊分类出版数量 ………………………………………………… (112)
全国少数民族文字期刊出版数量与上年相比增减百分比 …………………………… (113)

三、报纸出版

全国各级报纸出版数量 ………………………………………………………………… (117)
各级综合报纸出版数量 ………………………………………………………………… (119)
各级专业报纸出版数量 ………………………………………………………………… (121)
各级生活服务报纸出版数量 …………………………………………………………… (123)
各级读者对象报纸出版数量 …………………………………………………………… (125)
各级文摘报纸出版数量 ………………………………………………………………… (127)
主要刊期的报纸出版数量 ……………………………………………………………… (129)
全国少数民族文字报纸出版数量 ……………………………………………………… (130)
全国少数民族文字报纸出版数量与上年相比增减百分比 …………………………… (130)

四、音像、电子出版物出版

按载体形式分类全国各地区录音制品出版品种、数量及发行数量 ………………… (133)
按内容分类全国录音制品出版品种、数量 …………………………………………… (135)
按内容分类全国各地区录音制品出版品种、数量 …………………………………… (136)
按载体形式分类全国各地区录像制品出版品种、数量及发行数量 ………………… (144)
按内容分类全国录像制品出版品种、数量 …………………………………………… (146)
按内容分类全国各地区录像制品出版品种、数量 …………………………………… (147)
按载体形式分类全国各地区电子出版物出版品种、数量及发行数量 ……………… (153)

五、出版物印刷

全国出版物印刷生产情况 ……………………………………………………………… (157)
全国出版物印刷企业财务情况 ………………………………………………………… (158)

六、出版物发行

全国新华书店系统、出版社自办发行单位出版物发行进、销、存情况 …………… (161)
全国新华书店系统、出版社自办发行单位出版物纯销售情况 ……………………… (162)
全国新华书店系统、出版社自办发行单位出版物销售分类情况 …………………… (163)
全国出版物发行网点数量和人数 ……………………………………………………… (164)

七、出版物进出口

全国图书、期刊、报纸进出口情况 …………………………………………………… (167)
全国音像、电子出版物进出口情况 …………………………………………………… (167)

八、版权管理及贸易

全国版权合同登记情况统计 …………………………………………………………（171）
全国作品自愿登记情况统计 …………………………………………………………（172）
引进出版物版权汇总表 ………………………………………………………………（173）
输出出版物版权汇总表 ………………………………………………………………（173）
全国版权执法情况 ……………………………………………………………………（174）

九、出版机构、人员

各地区图书、音像、出版物印刷、物资机构数及职工人数 ………………………（177）

二〇一九年全国新闻出版业基本情况

2019年，全国共出版图书、期刊、报纸、音像制品和电子出版物450.70亿册（份、盒、张），较2018年降低3.13%。其中，出版图书105.97亿册（张），增长5.87%，占全部数量的23.51%；期刊21.89亿册，降低4.48%，占4.86%；报纸317.59亿份，降低5.83%，占70.47%；音像制品2.32亿盒（张），降低3.95%，占0.51%；电子出版物2.93亿张，增长13.05%，占0.65%。全国出版图书、期刊、报纸总印张为1855.82亿印张，与上年相比，降低4.20%。

图　　书

截至2019年年底，全国共有出版社585家[①]（包括副牌社24家），其中中央级出版社218家（包括副牌社13家），地方出版社367家（包括副牌社11家）。

一、图书出版总量

2019年，全国出版新版图书224762种，总印数24.97亿册（张），总印张258.91亿印张，定价总金额841.20亿元；与上年相比，品种降低9.04%，总印数降低0.79%，总印张降低0.22%，定价总金额增长1.70%。重印图书281217种，总印数61.96亿册（张），总印张541.52亿印张，定价总金额1191.77亿元；与上年相比，品种增长3.33%，总印数增长7.31%，总印张增长8.58%，定价总金额增长14.18%。租型图书总印数19.04亿册（张），总印张137.61亿印张，定价总金额145.99亿元；与上年相比，总印数增长10.80%，总印张增长10.69%，定价总金额增长10.59%。

其中：

1. 书籍新版204667种，重印213693种，合计418360种，总印数67.97亿册（张），总印张638.47亿印张，定价总金额1751.26亿元。与上年相比，新版品种降低9.42%，重印品种增长1.70%，品种合计降低4.06%，总印数增长4.49%，总印张增长5.19%，定价总金额增长8.73%。

2. 课本新版19890种，重印67283种，合计87173种，总印数37.52亿册（张），总印张294.05亿印张，定价总金额417.37亿元。与上年相比，新版品种降低5.58%，重印品种增长8.88%，品种合计增长5.20%，总印数增长7.78%，总印张增长7.09%，定价总金额增长7.88%。

3. 图片新版205种，重印241种，合计446种，总印数0.04亿册（张），总印张0.11亿印张，定价总金额0.92亿元。与上年相比，新版品种增长100.98%，重印品种增长2.55%，品种合计增长32.34%，总印数增长80.09%，总印张增长64.18%，定价总金额增长155.17%。

4. 附录总印数0.45亿册（张），总印张5.41亿印张，定价总金额9.42亿元。

二、各类图书出版情况

在使用中国标准书号的22类图书中：

[①] 2019年，新增江苏求真译林出版有限公司（对外专项出版），长征出版社撤销。

1. 马列主义、毛泽东思想类新版 418 种，重印 340 种，总印数 1567 万册（张），总印张 273464 千印张，定价总金额 49279 万元，占新版品种 0.19%、重印品种 0.12%、总印数 0.15%、总印张 0.29%、定价总金额 0.23%。与上年相比，新版品种降低 30.68%，重印品种降低 8.36%，总印数降低 37.24%，总印张降低 37.72%，定价总金额降低 41.09%。

2. 哲学类新版 5086 种，重印 4420 种，总印数 9107 万册（张），总印张 1162651 千印张，定价总金额 419429 万元，占新版品种 2.26%、重印品种 1.57%、总印数 0.86%、总印张 1.24%、定价总金额 1.92%。与上年相比，新版品种降低 16.96%，重印品种增长 11.67%，总印数增长 22.70%，总印张增长 12.99%，定价总金额增长 23.43%。

3. 社会科学总论类新版 2713 种，重印 2665 种，总印数 3407 万册（张），总印张 491109 千印张，定价总金额 164482 万元，占新版品种 1.21%、重印品种 0.95%、总印数 0.32%、总印张 0.52%、定价总金额 0.75%。与上年相比，新版品种降低 12.62%，重印品种基本持平，总印数增长 7.65%，总印张降低 2.34%，定价总金额增长 3.45%。

4. 政治、法律类新版 12178 种，重印 5761 种，总印数 34380 万册（张），总印张 4185258 千印张，定价总金额 986324 万元，占新版品种 5.42%、重印品种 2.05%、总印数 3.24%、总印张 4.46%、定价总金额 4.53%。与上年相比，新版品种降低 9.80%，重印品种增长 5.30%，总印数增长 18.04%，总印张增长 21.23%，定价总金额增长 13.92%。

5. 军事类新版 699 种，重印 519 种，总印数 957 万册（张），总印张 115620 千印张，定价总金额 37364 万元，占新版品种 0.31%、重印品种 0.18%、总印数 0.09%、总印张 0.12%、定价总金额 0.17%。与上年相比，新版品种降低 21.02%，重印品种增长 3.18%，总印数增长 10.51%，总印张增长 2.74%，定价总金额增长 9.24%。

6. 经济类新版 18988 种，重印 15251 种，总印数 15616 万册（张），总印张 2656515 千印张，定价总金额 845083 万元，占新版品种 8.45%、重印品种 5.42%、总印数 1.47%、总印张 2.83%、定价总金额 3.88%。与上年相比，新版品种降低 4.95%，重印品种基本持平，总印数降低 13.98%，总印张降低 8.26%，定价总金额降低 0.09%。

7. 文化、科学、教育、体育类新版 68265 种，重印 135713 种，总印数 801214 万册（张），总印张 61413588 千印张，定价总金额 11491453 万元，占新版品种 30.37%、重印品种 48.26%、总印数 75.60%、总印张 65.47%、定价总金额 52.74%。与上年相比，新版品种降低 9.44%，重印品种增长 1.16%，总印数增长 6.72%，总印张增长 8.21%，定价总金额增长 11.13%。

8. 语言、文字类新版 7818 种，重印 13404 种，总印数 28132 万册（张），总印张 3865341 千印张，定价总金额 1022815 万元，占新版品种 3.48%、重印品种 4.77%、总印数 2.65%、总印张 4.12%、定价总金额 4.69%。与上年相比，新版品种降低 3.65%，重印品种增长 1.14%，总印数增长 7.42%，总印张增长 8.57%，定价总金额增长 10.04%。

9. 文学类新版 31037 种，重印 22154 种，总印数 77065 万册（张），总印张 7980708 千印张，定价总金额 2469936 万元，占新版品种 13.81%、重印品种 7.88%、总印数 7.27%、总印张 8.51%、定价总金额 11.34%。与上年相比，新版品种降低 16.29%，重印品种增长 1.48%，总印数降低 3.70%，总印张降低 5.24%，定价总金额降低 0.84%。

10. 艺术类新版 15064 种，重印 11475 种，总印数 20568 万册（张），总印张 1841084 千印张，定价总金额 875471 万元，占新版品种 6.70%、重印品种 4.08%、总印数 1.94%、总印张 1.96%、定价总金额 4.02%。与上年相比，新版品种降低 11.23%，重印品种降低 0.38%，总印数降低 4.72%，总印张增长 0.61%，定价总金额增长 1.29%。

11. 历史、地理类新版 12324 种，重印 6589 种，总印数 15155 万册（张），总印张 2125603 千印张，定价总金额 897811 万元，占新版品种 5.48%、重印品种 2.34%、总印数 1.43%、总印张 2.27%、定价总金额 4.12%。与上年相比，新版品种降低 5.35%，重印品种增长 2.58%，总印数增长 8.51%，总印张增长 7.62%，定价总金额增长 18.88%。

12. 自然科学总论类新版 427 种，重印 434 种，总印数 822 万册（张），总印张 98310 千印张，定价总金额 45171 万元，占新版品种 0.19%、重印品种 0.15%、总印数 0.08%、总印张 0.10%、定价总金额 0.21%。与上年相比，新版品种降低 3.17%，重印品种增长 14.51%，总印数增长 60.86%，总印张增长 53.12%，定价总金额增长 72.72%。

13. 数理科学、化学类新版 2863 种，重印 7819 种，总印数 6236 万册（张），总印张 842534 千印张，定价总金额 224028 万元，占新版品种 1.27%、重印品种 2.78%、总印数 0.59%、总印张 0.90%、定价总金额 1.03%。与上年相比，新版品种降低 6.47%，重印品种增长 16.22%，总印数增长 32.99%，总印张增长 18.70%，定价总金额增长 27.78%。

14. 天文学、地球科学类新版 2078 种，重印 1311 种，总印数 1886 万册（张），总印张 194766 千印张，定价总金额 100536 万元，占新版品种 0.92%、重印品种 0.47%、总印数 0.18%、总印张 0.21%、定价总金额 0.46%。与上年相比，新版品种降低 0.62%，重印品种增长 15.92%，总印数增长 21.52%，总印张增长 16.95%，定价总金额增长 42.11%。

15. 生物科学类新版 1756 种，重印 1936 种，总印数 2621 万册（张），总印张 298404 千印张，定价总金额 121038 万元，占新版品种 0.78%、重印品种 0.69%、总印数 0.25%、总印张 0.32%、定价总金额 0.56%。与上年相比，新版品种降低 11.85%，重印品种增长 1.10%，总印数增长 16.59%，总印张增长 7.69%，定价总金额增长 18.12%。

16. 医药、卫生类新版 11955 种，重印 10833 种，总印数 10859 万册（张），总印张 1862511 千印张，定价总金额 630125 万元，占新版品种 5.32%、重印品种 3.85%、总印数 1.02%、总印张 1.99%、定价总金额 2.89%。与上年相比，新版品种降低 11.26%，重印品种增长 7.25%，总印数降低 3.47%，总印张降低 10.35%，定价总金额降低 1.37%。

17. 农业科学类新版 2884 种，重印 2141 种，总印数 1493 万册（张），总印张 167343 千印张，定价总金额 66953 万元，占新版品种 1.28%、重印品种 0.76%、总印数 0.14%、总印张 0.18%、定价总金额 0.31%。与上年相比，新版品种降低 5.78%，重印品种降低 6.67%，总印数降低 19.73%，总印张降低 16.51%，定价总金额降低 5.86%。

18. 工业技术类新版 19940 种，重印 32675 种，总印数 16793 万册（张），总印张 2934723 千印张，定价总金额 908379 万元，占新版品种 8.87%、重印品种 11.62%、总印数 1.58%、总印张 3.13%、定价总金额 4.17%。与上年相比，新版品种降低 2.50%，重印品种增长 13.12%，总印数增长 1.40%，总印张增长 0.95%，定价总金额增长 4.70%。

19. 交通运输类新版 2850 种，重印 3449 种，总印数 2266 万册（张），总印张 312152 千印张，定价总金额 109688 万元，占新版品种 1.27%、重印品种 1.23%、总印数 0.21%、总印张 0.33%、定价总金额 0.50%。与上年相比，新版品种增长 5.87%，重印品种增长 13.12%，总印数增长 0.44%，总印张降低 1.92%，定价总金额增长 4.83%。

20. 航空、航天类新版434种，重印306种，总印数243万册（张），总印张28503千印张，定价总金额14368万元，占新版品种0.19%、重印品种0.11%、总印数0.02%、总印张0.03%、定价总金额0.07%。与上年相比，新版品种增长3.33%，重印品种增长6.99%，总印数增长25.26%，总印张增长16.46%，定价总金额增长31.78%。

21. 环境科学类新版1610种，重印1047种，总印数1442万册（张），总印张133766千印张，定价总金额47998万元，占新版品种0.72%、重印品种0.37%、总印数0.14%、总印张0.14%、定价总金额0.22%。与上年相比，新版品种降低1.59%，重印品种增长13.19%，总印数增长24.85%，总印张降低7.24%，定价总金额降低0.09%。

22. 综合性图书类新版3170种，重印734种，总印数3029万册（张），总印张268027千印张，定价总金额158553万元，占新版品种1.41%、重印品种0.26%、总印数0.29%、总印张0.29%、定价总金额0.73%。与上年相比，新版品种增长8.23%，重印品种降低10.16%，总印数增长18.09%，总印张降低9.08%，定价总金额增长5.44%。

三、各类课本出版情况

1. 大专及以上课本新版15787种，重印47714种，总印数30983万册（张），总印张5619754千印张，定价总金额1305472万元。与上年相比，新版品种降低6.48%，重印品种增长10.78%，总印数降低0.10%，总印张增长0.43%，定价总金额增长5.01%。

2. 中专、技校课本新版1399种，重印5611种，总印数6920万册（张），总印张910526千印张，定价总金额186608万元。与上年相比，新版品种增长0.87%，重印品种增长18.95%，总印数增长22.54%，总印张增长21.28%，定价总金额增长23.89%。

3. 中学课本新版688种，重印4729种，总印数171472万册（张），总印张13292806千印张，定价总金额1407478万元。与上年相比，新版品种增长6.17%，重印品种降低6.67%，总印数增长8.26%，总印张增长9.39%，定价总金额增长9.78%。

4. 小学课本新版663种，重印4283种，总印数160901万册（张），总印张8739187千印张，定价总金额1055094万元。与上年相比，新版品种降低3.49%，重印品种降低2.01%，总印数增长8.48%，总印张增长6.82%，定价总金额增长6.97%。

5. 业余教育课本新版630种，重印1444种，总印数1890万册（张），总印张363639千印张，定价总金额95073万元。与上年相比，新版品种降低24.46%，重印品种增长0.07%，总印数降低9.09%，总印张降低14.99%，定价总金额降低15.45%。

6. 扫盲课本新版1种，重印6种，总印数1万册（张），总印张65千印张，定价总金额18万元。

7. 教学用书新版722种，重印3496种，总印数3023万册（张），总印张478946千印张，定价总金额123909万元。与上年相比，新版品种增长14.60%，重印品种增长11.80%，总印数增长13.82%，总印张增长36.18%，定价总金额增长31.67%。

四、少年儿童读物出版情况

2019年，全国共出版少年儿童读物新版20845种，重印22867种，总印数94555万册（张），总印张5704316千印张，定价总金额2470297万元。与上年相比，新版品种降低8.54%，重印品种增长6.83%，总印数增长6.41%，总印张增长5.40%，定价总金额增长9.64%。

期　　刊

一、期刊出版总量

2019年，全国共出版期刊10171种，平均期印数11957万册，每种平均期印数1.21万册，总印数21.89亿册，总印张121.27亿印张，定价总金额219.83亿元。与上年相比，种数增长0.32%，平均期印数降低3.03%，每种平均期印数降低3.34%，总印数降低4.48%，总印张降低4.32%，定价总金额增长0.88%。

二、各类期刊出版情况

1. 哲学、社会科学类期刊2683种，平均期印数6625万册，总印数111473万册，总印张5751340千印张；占期刊总品种26.38%，总印数50.92%，总印张47.43%。与上年相比，种数增长0.19%，平均期印数增长0.23%，总印数降低2.74%，总印张降低2.46%。

2. 文化、教育类期刊1398种，平均期印数2157万册，总印数51664万册，总印张2466975千印张；占期刊总品种13.74%，总印数23.60%，总印张20.34%。与上年相比，种数降低0.07%，平均期印数降低4.58%，总印数降低3.09%，总印张降低4.48%。

3. 文学、艺术类期刊668种，平均期印数616万册，总印数13717万册，总印张743742千印张；占期刊总品种6.57%，总印数6.27%，总印张6.13%。与上年相比，种数增长0.75%，平均期印数降低14.19%，总印数降低16.94%，总印张降低17.30%。

4. 自然科学、技术类期刊5062种，平均期印数1892万册，总印数27758万册，总印张2401778千印张；占期刊总品种49.77%，总印数12.68%，总印张19.81%。与上年相比，种数增长0.50%，平均期印数降低7.61%，总印数降低6.92%，总印张降低3.43%。

5. 综合类期刊360种，平均期印数668万册，总印数14315万册，总印张762758千印张；占期刊总品种3.54%，总印数6.54%，总印张6.29%。与上年相比，种数降低0.55%，平均期印数降低3.95%，总印数降低4.25%，总印张降低5.76%。

2019年，全国共出版少年儿童期刊206种，平均期印数1371万册，总印数37945万册，总印张1169546千印张；占期刊总品种2.03%，总印数17.33%，总印张9.64%。与上年相比，种数降低0.48%，平均期印数降低5.30%，总印数降低4.47%，总印张降低5.37%。

2019年，全国共出版画刊（不含面向少年儿童的画刊）54种，平均期印数46万册，总印数721万册，总印张52284千印张；占期刊总品种0.53%，总印数0.33%，总印张0.43%。与上年相比，种数降低1.82%，平均期印数降低2.98%，总印数增长0.85%，总印张降低3.94%。

2019年，全国共出版动漫期刊32种，平均期印数73万册，总印数2361万册，总印张119195千印张；占期刊总品种0.31%，总印数1.08%，总印张0.98%。与上年相比，种数降低5.88%，平均期印数降低37.24%，总印数降低33.85%，总印张降低33.94%。

报　　纸

一、报纸出版总量

2019年，全国共出版报纸1851种，平均期印数17303.34万份，每种平均期印数9.35万份，总印数 317.59 亿份，总印张 796.51 亿印张，定价总金额 392.39 亿元。与上年相比，种数降低 1.07%，平均期印数降低 1.60%，总印数降低 5.83%，总印张降低 14.16%，定价总金额降低 0.27%。

二、各级报纸出版情况

1. 全国性和省级报纸 960 种，平均期印数 13598.78 万份，总印数 218.54 亿份，总印张 534.15 亿印张。占报纸总品种 51.86%，总印数 68.81%，总印张 67.06%。与上年相比，种数降低 1.74%，平均期印数增长 0.27%，总印数降低 5.10%，总印张降低 14.61%。其中：

全国性报纸 213 种，平均期印数 2835.35 万份，总印数 77.56 亿份，总印张 203.90 亿印张；占报纸总品种 11.51%，总印数 24.42%，总印张 25.60%。与上年相比，种数持平，平均期印数降低 3.17%，总印数降低 0.89%，总印张降低 6.88%。

省级报纸 747 种，平均期印数 10763.43 万份，总印数 140.97 亿份，总印张 330.25 亿印张；占报纸总品种 40.36%，总印数 44.39%，总印张 41.46%。与上年相比，种数降低 2.23%，平均期印数增长 1.22%，总印数降低 7.27%，总印张降低 18.78%。

2. 地、市级报纸 872 种，平均期印数 3670.30 万份，总印数 98.05 亿份，总印张 260.48 亿印张；占报纸总品种 47.11%，总印数 30.87%，总印张 32.70%。与上年相比，种数降低 0.34%，平均期印数降低 7.96%，总印数降低 7.45%，总印张降低 13.35%。

3. 县级报纸 19 种，平均期印数 34.26 万份，总印数 1.00 亿份，总印张 1.88 亿印张；占报纸总品种 1.03%，总印数 0.31%，总印张 0.24%。与上年相比，种数持平，平均期印数降低 2.70%，总印数降低 2.88%，总印张增长 8.08%。

三、各类报纸出版情况

1. 综合类报纸 857 种，平均期印数 5934.78 万份，总印数 194.95 亿份，总印张 596.58 亿印张；占报纸总品种 46.30%，总印数 61.38%，总印张 74.90%。与上年相比，种数增长 1.06%，平均期印数降低 6.27%，总印数降低 7.33%，总印张降低 15.89%。

2. 专业类报纸 667 种，平均期印数 9300.21 万份，总印数 98.67 亿份，总印张 157.60 亿印张；占报纸总品种 36.03%，总印数 31.07%，总印张 19.79%。与上年相比，种数降低 3.33%，平均期印数增长 4.74%，总印数降低 1.34%，总印张降低 6.09%。

3. 生活服务类报纸 203 种，平均期印数 667.12 万份，总印数 5.92 亿份，总印张 17.71 亿印张；占报纸总品种 10.97%，总印数 1.86%，总印张 2.22%。与上年相比，种数降低 2.40%，平均期印数降低 26.98%，总印数降低 25.61%，总印张降低 26.92%。

4. 读者对象类报纸 102 种，平均期印数 1189.48 万份，总印数 15.21 亿份，总印张 20.95 亿印张；占报纸总品种 5.51%，总印数 4.79%，总印张 2.63%。与上年相比，种数降低 0.97%，平均期印数降低 1.66%，总印数降低 2.10%，总印张降低 4.79%。

5. 文摘类报纸 22 种，平均期印数 211.75 万份，总印数 2.84 亿份，总印张 3.67 亿印张；占报纸总品种 1.19%，总印数 0.90%，总印张 0.46%。与上年相比，种数持平，平均期印数降低 15.71%，总印数降低 16.22%，总印张降低 19.13%。

音像制品与电子出版物

截至 2019 年年底，全国共有音像制品出版单位 386 家，电子出版物出版单位 317 家。

一、录音制品出版情况

2019 年，全国共出版录音制品 6571 种、16931.93 万盒（张）。与上年相比，品种增长 2.82%，数量降低 4.64%。

各类录音制品的出版数量及其增减百分比如下：

1. 录音带（AT）新版 141 种、1026.15 万盒，再版 824 种、4204.77 万盒，合计 965 种、5230.93 万盒。与上年相比，品种降低 6.49%，数量降低 21.57%。少年儿童类无。

2. 激光唱盘（CD）新版 1971 种、2645.71 万张，再版 3069 种、8893.39 万张，合计 5040 种、11539.10 万张，与上年相比，品种增长 3.55%，数量增长 5.48%。少年儿童类 65 种，数量 49.35 万张。

3. 高密度激光唱盘（DVD-A）及其他载体新版 416 种、100.64 万张，再版 150 种、61.27 万张，合计 566 种、161.91 万张，与上年相比，品种增长 15.04%，数量增长 9.23%。少年儿童类 12 种，数量 0.60 万张。

二、录像制品出版情况

2019 年，全国共出版录像制品 4141 种、6239.43 万盒（张）。与上年相比，品种降低 11.37%，数量降低 2.01%。

各类录像制品的出版数量及其增减百分比如下：

1. 录像带（VT）及其他载体新版 257 种、33.05 万盒（张），再版 27 种、1.59 万盒（张），合计 284 种、34.64 万盒（张）。与上年相比，品种增长 72.12%，数量增长 16.91%。少年儿童类 3 种，0.33 万盒（张）。

2. 数码激光视盘（VCD）新版 118 种、151.08 万张，再版 298 种、782.24 万张，合计 416 种、933.32 万张。与上年相比，品种降低 14.23%，数量降低 20.50%。少年儿童类 108 种，196.03 万张。

3. 高密度激光视盘（DVD-V）新版 2504 种、1945.92 万张，再版 937 种、3325.56 万张，合计 3441 种、5271.48 万张。与上年相比，品种降低 14.45%，数量增长 2.08%。少年儿童类 231 种，1451.48 万张。

三、电子出版物出版情况

2019 年，全国共出版电子出版物 9070 种、29261.88 万张。与上年相比，品种增长 7.94%，数量增长 13.05%。

1. 只读光盘（CD-ROM）新版 2150 种、2995.68 万张，再版 3760 种、20344.83 万张，合计 5910 种、23340.51 万张。与上年相比，品种增长 11.32%，数量增长 3.77%。

2. 高密度只读光盘（DVD-ROM）新版 1046 种、1766.94 万张，再版 1509 种、3851.65 万张，合计 2555 种、5618.59 万张。与上年相比，品种降低 3.48%，数量增长 77.28%。

3. 交互式光盘（CD-I）及其他载体新版 533 种、76.40 万张，再版 72 种、226.37 万张，合计 605 种、302.77 万张。与上年相比，品种增长 35.35%，数量增长 35.49%。

印 刷 复 制

一、印刷复制总体情况

2019 年，印刷复制（包括出版物印刷、包装装潢印刷、其他印刷品印刷、专项印刷、印刷物资供销和复制）实现营业收入 13802.63 亿元，与上年相比增长 0.55%；利润总额 774.12 亿元，降低 7.32%。出版物印刷（含专项印刷）营业收入 1715.17 亿元，增长 0.21%；利润总额 103.04 亿元，降低 6.43%。包装装潢印刷营业收入 10860.30 亿元，增长 1.63%；利润总额 599.74 亿元，降低 5.86%。其他印刷品营业收入 1049.25 亿元，降低 6.38%；利润总额 70.64 亿元，降低 19.68%。

二、单位数量与从业人员情况（含专项印刷）

2019 年，全国出版物印刷企业（含专项印刷）共有 9014 家，与上年相比增长 1.02%；职工年末平均人数 40.86 万人，降低 4.93%。

三、出版物印刷企业产量与用纸量（含专项印刷）

1. 图书、报纸、期刊及其他印刷品黑白印刷产量 24906.68 万令，彩色印刷产量 119583.77 万对开色令。与上年相比，黑白印刷产量降低 10.28%，彩色印刷产量增长 2.75%。

2. 装订产量 34738.73 万令，与上年相比增长 4.14%。

3. 印刷用纸量（包含平版纸和卷筒纸）51814.38 万令，与上年相比降低 7.39%。

出版物发行

一、发行网点与从业人员情况

2019 年，全国共有出版物发行网点 181106 处，与上年相比增长 5.57%。其中新华书店及其发行网点 10138 处，增长 5.70%；出版社自办发行网点 392 处，降低 1.51%；邮政系统发行网点 39178 处；其他批发网点 15002 处，集个体零售网点 116386 处。

2019 年，全国新华书店系统与出版社自办发行网点从业人员 12.33 万人，与上年相比降低 2.01%。

二、出版物购进情况

2019 年，全国新华书店系统、出版社自办发行单位出版物总购进 236.01 亿册（张、份、盒）、3661.89 亿元，与上年相比，数量增长 5.54%，金额增长 8.97%。其中：新华书店系统购进 155.05 亿册（张、份、盒）、1846.50 亿元，与上年相比，数量增长 5.09%，金额增长 6.17%。

三、出版物销售情况

（一）总销售情况

2019 年，全国新华书店系统、出版社自办发行单位出版物总销售 233.15 亿册（张、份、盒）、3565.50 亿元。与上年相比，数量增长 7.40%，金额增长 10.96%。其中：新华书店系统销售 152.28 亿册（张、份、盒）、1797.34 亿元；与上年相比，数量增长 4.84%，金额增长 5.18%。

其中：

1. 居民和社会团体零售总额 1049.94 亿元，与上年相比增长 9.04%。其中：城市零售 879.59 亿元，农村零售 170.36 亿元。城乡零售比为 5.16:1。

2. 出版物批发销售总额 2513.33 亿元，与上年相比增长 11.78%，批零比为 2.39:1。其中：批发给市（县）批发机构、出版物零售发行企业 2505.59 亿元，增长 12.32%；批发给县以下单位或个人 7.74 亿元，降低 56.16%。

3. 出口总额 2.23 亿元，与上年相比增长 10.50%。

（二）纯销售情况

2019 年，全国新华书店系统、出版社自办发行单位出版物纯销售 83.04 亿册（张、份、盒）、1059.92 亿元；与上年相比，数量增长 7.77%，金额增长 7.87%。

（三）各类出版物零售情况

2019 年，全国新华书店系统、出版社自办发行单位各类出版物的零售数量、金额及其所占零售总量比重如下：

1. 图书 81.42 亿册、1007.97 亿元，占零售数量 98.50%、零售金额 96.00%。其中：

（1）哲学、社会科学类图书 2.97 亿册、72.75 亿元，占零售数量 3.60%、零售金额 6.93%。

（2）文化、教育类图书 73.27 亿册、804.02 亿元，占零售数量 88.65%、零售金额 76.58%。其中：中小学课本及教学用书 33.02 亿册、286.30 亿元，占零售数量 39.95%、零售金额 27.27%；教辅读物 33.98 亿册、393.80 亿元，占零售数量 41.11%、零售金额 37.51%。

（3）文学、艺术类图书 2.67 亿册、68.12 亿元，占零售数量 3.24%、零售金额 6.49%。

（4）自然科学、技术类图书 1.55 亿册、41.56 亿元，占零售数量 1.87%、零售金额 3.96%。

（5）综合类图书 0.94 亿册、21.52 亿元，占零售数量 1.14%、零售金额 2.05%。

此外，少年儿童读物 2.23 亿册、52.27 亿元，占零售数量 2.70%、零售金额 4.98%；大中专教材、业余教育课本及教学用书 1.37 亿册、30.42 亿元，占零售数量 1.66%、零售金额 2.90%。

2. 期刊 0.55 亿册、15.13 亿元，占零售数量 0.66%、零售金额 1.44%。

3. 报纸 0.08 亿份、1.19 亿元，占零售数量 0.09%、零售金额 0.11%。

4. 音像制品 0.57 亿盒（张）、6.55 亿元，占零售数量 0.69%、零售金额 0.62%。

5. 电子出版物 0.04 亿张、0.76 亿元，占零售数量 0.05%、零售金额 0.07%。

6. 数字出版物（电子书等，不包含电子阅读器等硬件）18.34 亿元，占零售金额 1.75%。

四、出版物库存情况

全国新华书店系统、出版社自办发行单位年末库存 71.71 亿册（张、份、盒）、1477.16 亿元；与上年相比，数量增长 3.84%，金额增长 7.40%。

五、非出版物商品销售

非出版物商品销售金额 209.59 亿元（不含在销售总额之内）。

出版物进出口

一、图书、报纸、期刊出口

2019 年，全国累计出口图书、报纸、期刊 1653.43 万册（份）、7483.15 万美元。与上年相比，数量降低 2.51%，金额增长 4.01%。其中：全国出版物进出口经营单位累计出口 1472.85 万册（份）、6079.69 万美元；与上年相比，数量降低 0.35%，金额增长 6.23%。全国出版物进出口经营单位累计出口构成如下：

1. 图书出口 1134.37 万册、5521.35 万美元。与上年相比，数量增长 6.30%，金额增长 8.60%。

2. 期刊出口294.87万册、516.34万美元。与上年相比，数量降低9.33%，金额降低13.30%。

3. 报纸出口43.61万份、42.00万美元。与上年相比，数量降低49.11%，金额降低3.23%。

全国出版物进出口经营单位各类图书出口的数量、金额及其所占全国出版物进出口经营单位图书出口总量的比重如下：

1. 哲学、社会科学类176.72万册、1566.51万美元，占数量15.59%、金额28.38%。
2. 文化、教育类123.99万册、851.82万美元，占数量10.93%、金额15.43%。
3. 文学、艺术类107.82万册、841.12万美元，占数量9.50%、金额15.23%。
4. 自然、科学技术类39.19万册、366.34万美元，占数量3.45%、金额6.63%。
5. 少儿读物类480.95万册、652.08万美元，占数量42.40%、金额11.81%。
6. 综合类205.70万册、1243.48万美元，占数量18.13%、金额22.52%。

二、图书、报纸、期刊进口

2019年，全国出版物进出口经营单位累计进口图书、报纸、期刊4206.50万册（份）、38560.51万美元。与上年相比，数量增长2.90%，金额增长6.51%。其中：

1. 图书进口3139.18万册、24147.74万美元。与上年相比，数量增长4.80%，金额增长11.91%。
2. 期刊进口295.34万册、13365.54万美元。与上年相比，数量降低3.43%，金额降低1.19%。
3. 报纸进口771.98万份、1047.23万美元。与上年相比，数量降低1.88%，金额降低4.65%。

各类图书进口的数量、金额及其所占图书进口总量的比重如下：

1. 哲学、社会科学类185.01万册、3327.95万美元，占数量5.89%、金额13.77%。
2. 文化、教育类753.45万册、6239.37万美元，占数量24.01%、金额25.84%。
3. 文学、艺术类507.58万册、4444.72万美元，占数量16.17%、金额18.41%。
4. 自然、科学技术类81.28万册、2691.90万美元，占数量2.59%、金额11.15%。
5. 少儿读物类1156.84万册、3841.71万美元，占数量36.85%、金额15.91%。
6. 综合类455.02万册、3602.09万美元，占数量14.49%、金额14.92%。

三、音像制品、电子出版物与数字出版物出口

2019年，全国累计出口音像制品、电子出版物与数字出版物7.97万盒（张）、3282.95万美元。与上年相比，数量增长50.56%，金额增长13.29%。其中：全国出版物进出口经营单位累计出口1.11万盒（张）、205.90万美元；与上年相比，数量降低9.94%，金额降低2.97%。

全国出版物进出口经营单位累计出口构成如下：

1. 激光唱盘（CD）2868张、14.25万美元，占数量25.78%、金额6.92%。
2. 高密度激光唱盘（DVD-A）7418张、41.05万美元，占数量66.67%、金额19.94%。
3. 高密度激光视盘（DVD-V）840张、0.99万美元，占数量7.55%、金额0.48%。
4. 数字出版物149.61万美元，占出口金额72.66%。

四、音像制品、电子出版物与数字出版物进口

2019年，全国出版物进出口经营单位累计进口音像制品、电子出版物与数字出版物11.38万盒（张）、41116.31万美元。与上年相比，数量增长28.67%，金额增长8.14%。其中：

1. 激光唱盘（CD）108721 张、95.06 万美元，占数量 95.53%、金额 0.23%。与上年相比，数量增长 32.19%，金额增长 8.33%。

2. 高密度激光视盘（DVD-V）5083 张、9.11 万美元，占数量 4.47%、金额 0.02%。与上年相比，数量降低 17.96%，金额降低 8.72%。

3. 数字出版物 41012.14 万美元，占进口金额 99.74%。与上年相比，增长 8.15%。

版权管理与版权贸易

一、版权管理

（一）受理、查处案件

2019 年，全国各级版权行政管理机关共检查经营单位 384641 家，取缔违法经营单位 1224 家，查获地下窝点 152 个，行政处罚 2539 起，移送司法机关案件 186 件。

（二）收缴盗版品

2019 年，全国各地方版权行政管理机关共收缴各类盗版品 730.38 万件，其中查缴的盗版书刊 574.06 万册，盗版音像制品 69.39 万盒（张），盗版电子出版物 14.93 万张，盗版软件 22.17 万张，其他各类盗版品 49.83 万件。

（三）版权合同登记

2019 年，全国版权合同登记 20313 份，其中：图书 16144 份，期刊 74 份，音像制品 1563 份，电子出版物 296 份，软件 1156 份，其他 1080 份。

（四）作品自愿登记

2019 年，全国作品自愿登记 2967177 份①，其中：文字作品 192974 份，口述作品 923 份，音乐作品 17467 份，曲艺 397 份，舞蹈 164 份，杂技 16 份，美术作品 1370975 份，摄影作品 1179451 份，建筑 262 份，影视 93331 份，设计图 15393 份，地图 929 份，模型 549 份，其他 94346 份。

二、版权贸易

（一）版权引进

2019 年，全国共引进图书、音像制品和电子出版物版权 15977 项②。其中图书 15684 项，录音制品 78 项，录像制品 204 项，电子出版物 11 项。

图书版权引进地情况如下：

美国 4234 项，英国 3409 项，德国 1225 项，法国 1046 项，俄罗斯 75 项，加拿大 103 项，新加坡 236 项，日本 2162 项，韩国 404 项，中国香港 203 项，中国澳门 3 项，中国台湾 797 项，其他地区 1787 项。

（二）版权输出

2019 年，全国共输出图书、音像制品和电子出版物版权 14816 项③。其中图书 13680 项，录音制品 290 项，录像制品 8 项，电子出版物 838 项。

---

① 包括通过中国版权保护中心数字版权登记业务信息管理平台登记的数字作品 265559 份。
② 2019 年，全国共引进版权 16140 项。
③ 2019 年，全国共输出版权 15767 项。

图书版权输出地情况如下:

美国614项,英国493项,德国381项,法国170项,俄罗斯947项,加拿大130项,新加坡404项,日本357项,韩国836项,中国香港879项,中国澳门11项,中国台湾1441项,其他地区7017项。

(说明:数据未涵盖中国香港、中国澳门、中国台湾地区。)

一、图书出版

全国各类图书出版数量及与上年相比增减百分比

（一）种　数

	本版图书种数（种）			与上年相比增减（%）			租型图书种数（种）	与上年相比增减（%）
	合计	新版	重印	合计	新版	重印		
图书总计	505979	224762	281217	-2.56	-9.04	3.33	11077	-1.05
（一）使用《中国标准书号》部分合计	505533	224557	280976	-2.58	-9.09	3.34	11077	-1.05
A 马克思主义、列宁主义、毛泽东思想	758	418	340	-22.18	-30.68	-8.36	1	
B 哲学	9506	5086	4420	-5.72	-16.96	11.67		
C 社会科学总论	5378	2713	2665	-6.79	-12.62			-100.00
D 政治、法律	17939	12178	5761	-5.44	-9.80	5.30	38	-9.52
E 军事	1218	699	519	-12.25	-21.02	3.18		
F 经济	34239	18988	15251	-2.81	-4.95			
G 文化、科学、教育、体育	203978	68265	135713	-2.65	-9.44	1.16	11032	-0.99
H 语言、文字	21222	7818	13404	-0.68	-3.65	1.14		
I 文学	53191	31037	22154	-9.71	-16.29	1.48	2	
J 艺术	26539	15064	11475	-6.84	-11.23	-0.38	1	
K 历史、地理	18913	12324	6589	-2.73	-5.35	2.58	2	
N 自然科学总论	861	427	434	5.00	-3.17	14.51		
O 数理科学、化学	10682	2863	7819	9.12	-6.47	16.22		-100.00
P 天文学、地球科学	3389	2078	1311	5.18	-0.62	15.92		
Q 生物科学	3692	1756	1936	-5.50	-11.85	1.10		
R 医药、卫生	22788	11955	10833	-3.33	-11.26	7.25	1	-75.00
S 农业科学	5025	2884	2141	-6.16	-5.78	-6.67		-100.00
T 工业技术	52615	19940	32675	6.65	-2.50	13.12		
U 交通运输	6299	2850	3449	9.72	5.87	13.12		
V 航空、航天	740	434	306	4.82	3.33	6.99		
X 环境科学	2657	1610	1047	3.75	-1.59	13.19		
Z 综合性图书	3904	3170	734	4.22	8.23	-10.16		
（二）不使用《中国标准书号》部分合计	446	205	241	32.34	100.98	2.55		
1. 图片	446	205	241	32.34	100.98	2.55		
2. 国标(GB)、部标(BB)等标准类文件印品								
3. 活页文选、活页歌篇、小件印品等								

全国各类图书出版数量及与上年相比增减百分比（续表1）

（二）总 印 数

	本年图书总印数（万册、张）				与上年相比增减（%）	
	合计	新版	重印	租型	合计	租型
图书总计	1059756	249737	619647	190372	5.87	10.80
（一）使用《中国标准书号》部分合计	1054858	245630	618856	190372	5.63	10.80
A 马克思主义、列宁主义、毛泽东思想	1567	164	1393	10	-37.24	
B 哲学	9107	3983	5124		22.70	
C 社会科学总论	3407	1605	1802		7.65	-100.00
D 政治、法律	34380	27182	6820	378	18.04	
E 军事	957	599	358		10.51	
F 经济	15616	8540	7076		-13.98	
G 文化、科学、教育、体育	801214	130153	481163	189898	6.72	10.77
H 语言、文字	28132	6071	22061		7.42	
I 文学	77065	30923	46138	4	-3.70	
J 艺术	20568	8962	11605	1	-4.72	
K 历史、地理	15155	7456	7618	81	8.51	
N 自然科学总论	822	297	525		60.86	
O 数理科学、化学	6236	1951	4285		32.99	
P 天文学、地球科学	1886	1005	881		21.52	
Q 生物科学	2621	1207	1414		16.59	
R 医药、卫生	10859	5014	5845		-3.47	-100.00
S 农业科学	1493	700	793		-19.73	
T 工业技术	16793	6700	10093		1.40	
U 交通运输	2266	835	1431		0.44	
V 航空、航天	243	130	113		25.26	
X 环境科学	1442	992	450		24.85	
Z 综合性图书	3029	1161	1868		18.09	
（二）不使用《中国标准书号》部分合计	4898	4107	791		105.71	
1. 图片	380	281	99		80.09	
2. 国标(GB)、部标(BB)等标准类文件印品	1140	605	535		-3.31	
3. 活页文选、活页歌篇、小件印品等	3378	3221	157		240.87	

全国各类图书出版数量及与上年相比增减百分比（续表2）

（三）总印张

	本年图书总印张（千印张） 合计	新版	重印	租型	与上年相比增减（%） 合计	租型
图书总计	93803742	25891351	54151777	13760614	6.29	10.69
（一）使用《中国标准书号》部分合计	93251980	25380571	54110795	13760614	5.78	10.69
A 马克思主义、列宁主义、毛泽东思想	273464	25033	248331	100	-37.72	
B 哲学	1162651	482676	679975		12.99	
C 社会科学总论	491109	211259	279850		-2.34	-100.00
D 政治、法律	4185258	3312037	858851	14370	21.23	-23.60
E 军事	115620	67784	47836		2.74	
F 经济	2656515	1473788	1182727		-8.26	
G 文化、科学、教育、体育	61413588	11136989	36532212	13744387	8.21	10.72
H 语言、文字	3865341	764494	3100847		8.57	
I 文学	7980708	3120870	4859071	767	-5.24	
J 艺术	1841084	805444	1035614	26	0.61	
K 历史、地理	2125603	1136831	987834	938	7.62	
N 自然科学总论	98310	31025	67285		53.12	
O 数理科学、化学	842534	234027	608507		18.70	-100.00
P 天文学、地球科学	194766	105906	88860		16.95	
Q 生物科学	298404	107710	190694		7.69	
R 医药、卫生	1862511	783395	1079090	26	-10.35	-69.77
S 农业科学	167343	79865	87478		-16.51	-100.00
T 工业技术	2934723	1141034	1793689		0.95	
U 交通运输	312152	117902	194250		-1.92	
V 航空、航天	28503	14239	14264		16.46	
X 环境科学	133766	81487	52279		-7.24	
Z 综合性图书	268027	146776	121251		-9.08	
（二）不使用《中国标准书号》部分合计	551762	510780	40982		470.07	
1. 图片	10701	7423	3278		64.18	
2. 国标(GB)、部标(BB)等标准类文件印品	60732	30236	30496		1.82	
3. 活页文选、活页歌篇、小件印品等	480329	473121	7208		1468.47	

全国各类图书出版数量及与上年相比增减百分比（续表3）

（四）图书总定价

	图书总定价（万元）				
	合计	增减（%）	新版	重印	租型
图书总计	21789626	8.79	8412048	11917707	1459871
（一）使用《中国标准书号》部分合计	21686284	8.57	8331214	11895199	1459871
A 马克思主义、列宁主义、毛泽东思想	49279	-41.09	8708	40531	40
B 哲学	419429	23.43	209701	209728	
C 社会科学总论	164482	3.45	84658	79824	
D 政治、法律	986324	13.92	770304	212678	3342
E 军事	37364	9.24	24237	13127	
F 经济	845083	-0.09	523802	321281	
G 文化、科学、教育、体育	11491453	11.13	2959585	7075868	1456000
H 语言、文字	1022815	10.04	252813	770002	
I 文学	2469936	-0.84	1153742	1316043	151
J 艺术	875471	1.29	521125	354338	8
K 历史、地理	897811	18.88	591303	306184	324
N 自然科学总论	45171	72.72	15739	29432	
O 数理科学、化学	224028	27.78	81297	142731	
P 天文学、地球科学	100536	42.11	61912	38624	
Q 生物科学	121038	18.12	62346	58692	
R 医药、卫生	630125	-1.37	322038	308081	6
S 农业科学	66953	-5.86	40689	26264	
T 工业技术	908379	4.70	448936	459443	
U 交通运输	109688	4.83	50806	58882	
V 航空、航天	14368	31.78	8929	5439	
X 环境科学	47998	-0.09	32947	15051	
Z 综合性图书	158553	5.44	105597	52956	
（二）不使用《中国标准书号》部分合计	103342	90.79	80834	22508	
1. 图片	9158	155.17	7567	1591	
2. 国标(GB)、部标(BB)等标准类文件印品	41245	7.59	22711	18534	
3. 活页文选、活页歌篇、小件印品等	52939	332.44	50556	2383	

中央出版单位各类图书出版数量及与上年相比增减百分比

（一）种　数

	本版图书种数（种）			与上年相比增减（%）			租型图书种数（种）	与上年相比增减（%）
	合计	新版	重印	合计	新版	重印		
图书总计	204644	89650	114994	-1.08	-10.29	7.53	22	-87.57
（一）使用《中国标准书号》部分合计	204463	89589	114874	-1.11	-10.31	7.50	22	-87.57
A 马克思主义、列宁主义、毛泽东思想	437	204	233	-30.08	-49.13	4.02		
B 哲学	5071	2572	2499	-10.28	-26.09	15.06		
C 社会科学总论	3322	1526	1796	-6.16	-14.61	2.45		
D 政治、法律	13251	8813	4438	-3.57	-7.85	6.22	1	
E 军事	734	447	287	-6.97	-16.45	12.99		
F 经济	23806	12554	11252	-3.01	-5.42	-0.18		
G 文化、科学、教育、体育	36443	12835	23608	-2.46	-15.45	6.42	21	-88.14
H 语言、文字	11552	3490	8062	0.73	-5.90	3.91		
I 文学	14711	8787	5924	-10.72	-19.22	5.79		
J 艺术	8619	4273	4346	-6.72	-11.05	-2.03		
K 历史、地理	8458	4944	3514	-5.56	-8.71	-0.73		
N 自然科学总论	447	190	257	3.00	-15.93	23.56		
O 数理科学、化学	7379	1588	5791	11.43	-6.86	17.78		
P 天文学、地球科学	1990	1207	783	6.42	2.37	13.31		
Q 生物科学	2097	804	1293	-5.71	-14.74	0.94		
R 医药、卫生	14249	6049	8200	-2.85	-17.78	12.18		
S 农业科学	3369	1730	1639	-3.80	-8.56	1.80		
T 工业技术	40377	13335	27042	8.28	-0.72	13.34		
U 交通运输	4540	1875	2665	9.53	7.02	11.37		
V 航空、航天	512	309	203	-1.16	-4.33	4.10		
X 环境科学	1836	1032	804	1.72	-3.28	8.94		
Z 综合性图书	1263	1025	238	-0.63	4.49	-17.93		
（二）不使用《中国标准书号》部分合计	181	61	120	44.80	19.61	62.16		
1. 图片	181	61	120	44.80	19.61	62.16		
2. 国标(GB)、部标(BB)等标准类文件印品								
3. 活页文选、活页歌篇、小件印品等								

中央出版单位各类图书出版数量及与上年相比增减百分比（续表1）

（二）总 印 数

	本年图书总印数（万册、张）				与上年相比增减（%）	
	合计	新版	重印	租型	合计	租型
图书总计	289287	93113	196010	164	7.16	-55.43
（一）使用《中国标准书号》部分合计	284537	89099	195274	164	6.26	-55.43
A 马克思主义、列宁主义、毛泽东思想	1437	113	1324		-38.17	
B 哲学	5291	2119	3172		17.97	
C 社会科学总论	2038	923	1115		-3.91	
D 政治、法律	29514	24205	5308	1	17.14	
E 军事	487	355	132		10.93	
F 经济	11112	5838	5274		-18.29	
G 文化、科学、教育、体育	151363	25911	125289	163	9.40	-55.71
H 语言、文字	18770	3022	15748		10.53	
I 文学	20095	8104	11991		0.58	
J 艺术	6196	2653	3543		-3.83	
K 历史、地理	8063	4093	3970		7.64	
N 自然科学总论	276	116	160		20.00	
O 数理科学、化学	3827	1238	2589		24.37	
P 天文学、地球科学	818	433	385		14.89	
Q 生物科学	1025	346	679		1.89	
R 医药、卫生	6842	2670	4172		-11.94	
S 农业科学	891	400	491		-14.90	
T 工业技术	12895	4858	8037		0.99	
U 交通运输	1654	585	1069		-4.94	
V 航空、航天	117	71	46		-2.50	
X 环境科学	684	446	238		-2.84	
Z 综合性图书	1142	600	542		-3.30	
（二）不使用《中国标准书号》部分合计	4750	4014	736		118.09	
1. 图片	286	215	71		116.67	
2. 国标(GB)、部标(BB)等标准类文件印品	1132	600	532		-2.92	
3. 活页文选、活页歌篇、小件印品等	3332	3199	133		278.64	

中央出版单位各类图书出版数量及与上年相比增减百分比（续表2）

（三）总印张

	本年图书总印张（千印张）				与上年相比增减（%）	
	合计	新版	重印	租型	合计	租型
图书总计	32108122	11239697	20856755	11670	5.89	-58.73
（一）使用《中国标准书号》部分合计	31566713	10735472	20819571	11670	4.40	-58.73
A 马克思主义、列宁主义、毛泽东思想	251246	16828	234418		-38.65	
B 哲学	690896	262554	428342		7.43	
C 社会科学总论	316240	130346	185894		-9.57	
D 政治、法律	3748051	3050693	697306	52	22.92	
E 军事	58829	36816	22013		-2.70	
F 经济	1868161	982110	886051		-12.59	
G 文化、科学、教育、体育	12114610	2200981	9902011	11618	6.68	-58.91
H 语言、文字	2630211	383532	2246679		10.88	
I 文学	2829584	857331	1972253		2.19	
J 艺术	588228	245613	342615		-1.54	
K 历史、地理	1195437	639606	555831		5.53	
N 自然科学总论	60065	15503	44562		75.31	
O 数理科学、化学	635301	163402	471899		18.88	
P 天文学、地球科学	100349	50952	49397		7.30	
Q 生物科学	180346	47983	132363		9.86	
R 医药、卫生	1376502	521566	854936		-11.28	
S 农业科学	112917	48813	64104		-12.23	
T 工业技术	2358807	872308	1486499		0.46	
U 交通运输	238420	86550	151870		-3.75	
V 航空、航天	17411	9507	7904		3.01	
X 环境科学	90224	54423	35801		-18.14	
Z 综合性图书	104878	58055	46823		-19.28	
（二）不使用《中国标准书号》部分合计	541409	504225	37184		528.34	
1. 图片	3212	2432	780		27.66	
2. 国标(GB)、部标(BB)等标准类文件印品	60451	30073	30378		1.99	
3. 活页文选、活页歌篇、小件印品等	477746	471720	6026		1859.90	

中央出版单位各类图书出版数量及与上年相比增减百分比（续表3）

（四）图书总定价

	图书总定价（万元）				
	合计	增减（%）	新版	重印	租型
图书总计	8044994	7.38	3585834	4457996	1164
（一）使用《中国标准书号》部分合计	7949147	6.81	3511113	4436870	1164
A 马克思主义、列宁主义、毛泽东思想	42189	-43.46	5751	36438	
B 哲学	247930	18.39	115508	132422	
C 社会科学总论	104170	-5.76	51360	52810	
D 政治、法律	859641	14.31	688007	171618	16
E 军事	21095	3.48	14523	6572	
F 经济	600906	-5.19	358762	242144	
G 文化、科学、教育、体育	2227549	11.24	560606	1665795	1148
H 语言、文字	682777	13.21	129565	553212	
I 文学	741247	1.01	331923	409324	
J 艺术	281606	0.13	157876	123730	
K 历史、地理	478755	14.15	305828	172927	
N 自然科学总论	28168	98.17	7347	20821	
O 数理科学、化学	155877	24.21	51597	104280	
P 天文学、地球科学	49048	22.62	30652	18396	
Q 生物科学	60838	13.84	26838	34000	
R 医药、卫生	428627	-6.05	204606	224021	
S 农业科学	43102	-6.85	25163	17939	
T 工业技术	703855	4.61	331479	372376	
U 交通运输	80557	-0.13	37426	43131	
V 航空、航天	8177	8.74	5862	2315	
X 环境科学	31803	-10.90	22707	9096	
Z 综合性图书	71230	2.59	47727	23503	
（二）不使用《中国标准书号》部分合计	95847	92.30	74721	21126	
1. 图片	3086	85.01	2590	496	
2. 国标(GB)、部标(BB)等标准类文件印品	40978	7.77	22540	18438	
3. 活页文选、活页歌篇、小件印品等	51783	410.08	49591	2192	

地方出版单位各类图书出版数量及与上年相比增减百分比

（一）种　数

	本版图书种数（种） 合计	新版	重印	与上年相比增减（%） 合计	新版	重印	租型图书种数（种）	与上年相比增减（%）
图书总计	301335	135112	166223	-3.53	-8.19	0.62	11055	0.34
（一）使用《中国标准书号》部分合计	301070	134968	166102	-3.55	-8.26	0.64	11055	0.34
A 马克思主义、列宁主义、毛泽东思想	321	214	107	-8.02	5.94	-27.21	1	
B 哲学	4435	2514	1921	0.09	-4.95	7.56		
C 社会科学总论	2056	1187	869	-7.80	-9.94	-4.71		-100.00
D 政治、法律	4688	3365	1323	-10.36	-14.53	2.32	37	-11.90
E 军事	484	252	232	-19.20	-28.00	-6.83		
F 经济	10433	6434	3999	-2.34	-4.03	0.50		
G 文化、科学、教育、体育	167535	55430	112105	-2.69	-7.92	0.12	11011	0.42
H 语言、文字	9670	4328	5342	-2.31	-1.75	-2.77		
I 文学	38480	22250	16230	-9.31	-15.08		2	
J 艺术	17920	10791	7129	-6.90	-11.29	0.65	1	
K 历史、地理	10455	7380	3075	-0.31	-2.96	6.66	2	
N 自然科学总论	414	237	177	7.25	10.23	3.51		
O 数理科学、化学	3303	1275	2028	4.29	-5.97	11.98		-100.00
P 天文学、地球科学	1399	871	528	3.48	-4.50	20.00		
Q 生物科学	1595	952	643	-5.23	-9.25	1.42		
R 医药、卫生	8539	5906	2633	-4.12	-3.42	-5.66	1	-75.00
S 农业科学	1656	1154	502	-10.63	-1.28	-26.61		-100.00
T 工业技术	12238	6605	5633	1.60	-5.90	12.08		
U 交通运输	1759	975	784	10.21	3.72	19.51		
V 航空、航天	228	125	103	21.28	28.87	13.19		
X 环境科学	821	578	243	8.60	1.58	29.95		
Z 综合性图书	2641	2145	496	6.71	10.11	-5.88		
（二）不使用《中国标准书号》部分合计	265	144	121	25.00	182.35	-24.84		
1. 图片	265	144	121	25.00	182.35	-24.84		
2. 国标(GB)、部标(BB)等标准类文件印品								
3. 活页文选、活页歌篇、小件印品等								

地方出版单位各类图书出版数量及与上年相比增减百分比（续表1）

（二）总印数

	本年图书总印数（万册、张）				与上年相比增减（%）	
	合计	新版	重印	租型	合计	租型
图书总计	770469	156624	423637	190208	5.40	10.94
（一）使用《中国标准书号》部分合计	770321	156531	423582	190208	5.41	10.94
A 马克思主义、列宁主义、毛泽东思想	130	51	69	10	-24.86	
B 哲学	3816	1864	1952		29.93	
C 社会科学总论	1369	682	687		31.13	-100.00
D 政治、法律	4866	2977	1512	377	23.82	-0.26
E 军事	470	244	226		10.07	
F 经济	4504	2702	1802		-1.12	
G 文化、科学、教育、体育	649851	104242	355874	189735	6.12	10.91
H 语言、文字	9362	3049	6313		1.67	
I 文学	56970	22819	34147	4	-5.12	
J 艺术	14372	6309	8062	1	-5.09	
K 历史、地理	7092	3363	3648	81	9.53	
N 自然科学总论	546	181	365		94.31	
O 数理科学、化学	2409	713	1696		49.44	
P 天文学、地球科学	1068	572	496		27.14	
Q 生物科学	1596	861	735		28.50	
R 医药、卫生	4017	2344	1673		15.46	-100.00
S 农业科学	602	300	302		-25.95	
T 工业技术	3898	1842	2056		2.80	
U 交通运输	612	250	362		18.60	
V 航空、航天	126	59	67		70.27	
X 环境科学	758	546	212		68.07	
Z 综合性图书	1887	561	1326		36.34	
（二）不使用《中国标准书号》部分合计	148	93	55		-27.09	
1. 图片	94	66	28		18.99	
2. 国标(GB)、部标(BB)等标准类文件印品	8	5	3		-38.46	
3. 活页文选、活页歌篇、小件印品等	46	22	24		-58.56	

地方出版单位各类图书出版数量及与上年相比增减百分比（续表2）

（三）总 印 张

	本年图书总印张（千印张）				与上年相比增减（%）	
	合计	新版	重印	租型	合计	租型
图书总计	61695620	14651654	33295022	13748944	6.50	10.84
（一）使用《中国标准书号》部分合计	61685267	14645099	33291224	13748944	6.50	10.84
A 马克思主义、列宁主义、毛泽东思想	22218	8205	13913	100	−24.77	
B 哲学	471755	220122	251633		22.26	
C 社会科学总论	174869	80913	93956		14.16	−100.00
D 政治、法律	437207	261344	161545	14318	8.47	−23.88
E 军事	56791	30968	25823		9.06	
F 经济	788354	491678	296676		3.96	
G 文化、科学、教育、体育	49298978	8936008	26630201	13732769	8.60	10.88
H 语言、文字	1235130	380962	854168		3.95	
I 文学	5151124	2263539	2886818	767	−8.88	
J 艺术	1252856	559831	692999	26	1.66	
K 历史、地理	930166	497225	432003	938	10.43	
N 自然科学总论	38245	15522	22723		27.72	
O 数理科学、化学	207233	70625	136608		18.13	−100.00
P 天文学、地球科学	94417	54954	39463		29.31	
Q 生物科学	118058	59727	58331		4.53	
R 医药、卫生	486009	261829	224154	26	−7.61	−69.77
S 农业科学	54426	31052	23374		−24.16	−100.00
T 工业技术	575916	268726	307190		3.00	
U 交通运输	73732	31352	42380		4.50	
V 航空、航天	11092	4732	6360		46.49	
X 环境科学	43542	27064	16478		28.15	
Z 综合性图书	163149	88721	74428		−1.03	
（二）不使用《中国标准书号》部分合计	10353	6555	3798		−2.55	
1. 图片	7489	4991	2498		87.13	
2. 国标(GB)、部标(BB)等标准类文件印品	281	163	118		−24.87	
3. 活页文选、活页歌篇、小件印品等	2583	1401	1182		−58.66	

地方出版单位各类图书出版数量及与上年相比增减百分比（续表3）

（四）图书总定价

	图书总定价（万元）				
	合计	增减（%）	新版	重印	租型
图书总计	13744632	9.64	4826214	7459711	1458707
（一）使用《中国标准书号》部分合计	13737137	9.61	4820101	7458329	1458707
A 马克思主义、列宁主义、毛泽东思想	7090	-21.51	2957	4093	40
B 哲学	171499	31.51	94193	77306	
C 社会科学总论	60312	24.48	33298	27014	
D 政治、法律	126683	11.32	82297	41060	3326
E 军事	16269	17.74	9714	6555	
F 经济	244177	15.15	165040	79137	
G 文化、科学、教育、体育	9263904	11.10	2398979	5410073	1454852
H 语言、文字	340038	4.18	123248	216790	
I 文学	1728689	-1.61	821819	906719	151
J 艺术	593865	1.85	363249	230608	8
K 历史、地理	419056	24.78	285475	133257	324
N 自然科学总论	17003	42.43	8392	8611	
O 数理科学、化学	68151	36.77	29700	38451	
P 天文学、地球科学	51488	67.47	31260	20228	
Q 生物科学	60200	22.78	35508	24692	
R 医药、卫生	201498	10.31	117432	84060	6
S 农业科学	23851	-4.02	15526	8325	
T 工业技术	204524	5.04	117457	87067	
U 交通运输	29131	21.53	13380	15751	
V 航空、航天	6191	83.00	3067	3124	
X 环境科学	16195	31.13	10240	5955	
Z 综合性图书	87323	7.89	57870	29453	
（二）不使用《中国标准书号》部分合计	7495	73.33	6113	1382	
1. 图片	6072	216.09	4977	1095	
2. 国标(GB)、部标(BB)等标准类文件印品	267	-14.70	171	96	
3. 活页文选、活页歌篇、小件印品等	1156	-44.69	965	191	

全国出版图书用纸量

	图书总计		书籍		课本		图片		附录	
	印张数（千印张）	合吨数（吨）	印张数（千印张）	合吨数（吨）	印张数（千印张）	合吨数（吨）	印张数（千印张）	合吨数（吨）	印张数（千印张）	合吨数（吨）
全国	93803742	2204541	63847057	1500406	29404923	691016	10701	404	541061	12715
中央	32108122	754587	21715554	510316	9851159	231502	3212	121	538197	12648
地方	61695620	1449954	42131503	990090	19553764	459513	7489	283	2864	67

注：从1982年开始，书籍、课本、附录按每千印张0.0235吨计算，图片按每千印张0.0378吨计算。

全国出版图书用纸量与上年相比增减百分比

	图书总计		书籍		课本		图片		附录	
	印张数	吨数	印张数	吨数	印张数	吨数	印张数	吨数	印张数	吨数
全国	6.29	6.29	5.19	5.19	7.09	7.09	64.18	64.18	499.37	499.37
中央	5.89	5.89	4.43	4.43	4.34	4.34	27.66	27.66	543.40	543.40
地方	6.50	6.50	5.58	5.58	8.53	8.53	87.13	87.13	-56.75	-56.75

使用《中国标准书号》图书出版数量中各类图书所占百分比

	种数 合计	种数 新版	租型种数	总印数 合计	总印数 租型	总印张 合计	总印张 租型	定价总金额 合计	定价总金额 租型
使用《中国标准书号》部分合计	100.00	100.00	100.00	100.00	100.00	100.00	100.00	100.00	100.00
A 马克思主义、列宁主义、毛泽东思想	0.15	0.19	0.01	0.15	0.01	0.29		0.23	
B 哲学	1.88	2.26		0.86		1.25		1.93	
C 社会科学总论	1.06	1.21		0.32		0.53		0.76	
D 政治、法律	3.55	5.42	0.34	3.26	0.20	4.49	0.10	4.55	0.23
E 军事	0.24	0.31		0.09		0.12		0.17	
F 经济	6.77	8.46		1.48		2.85		3.90	
G 文化、科学、教育、体育	40.35	30.40	99.59	75.95	99.75	65.86	99.88	52.99	99.73
H 语言、文字	4.20	3.48		2.67		4.15		4.72	
I 文学	10.52	13.82	0.02	7.31		8.56	0.01	11.39	0.01
J 艺术	5.25	6.71	0.01	1.95		1.97		4.04	
K 历史、地理	3.74	5.49	0.02	1.44	0.04	2.28	0.01	4.14	0.02
N 自然科学总论	0.17	0.19		0.08		0.11		0.21	
O 数理科学、化学	2.11	1.27		0.59		0.90		1.03	
P 天文学、地球科学	0.67	0.93		0.18		0.21		0.46	
Q 生物科学	0.73	0.78		0.25		0.32		0.56	
R 医药、卫生	4.51	5.32	0.01	1.03		2.00		2.91	
S 农业科学	0.99	1.28		0.14		0.18		0.31	
T 工业技术	10.41	8.88		1.59		3.15		4.19	
U 交通运输	1.25	1.27		0.21		0.33		0.51	
V 航空、航天	0.15	0.19		0.02		0.03		0.07	
X 环境科学	0.53	0.72		0.14		0.14		0.22	
Z 综合性图书	0.77	1.41		0.29		0.29		0.73	

全国各地区图书出版总量

	种数（种）合计	种数（种）新版	租型种数（种）	总印数（万册、张）合计	总印数（万册、张）新版	总印数（万册、张）租型	总印张（千印张）合计	总印张（千印张）新版	总印张（千印张）租型	定价总金额（万元）合计	定价总金额（万元）新版	定价总金额（万元）租型
全国总计	505979	224762	11077	1059756	249737	190372	93803742	25891351	13760614	21789626	8412048	1459871
中 央	204644	89650	22	289287	93113	164	32108122	11239697	11670	8044994	3585834	1164
地 方	301335	135112	11055	770469	156624	190208	61695620	14651654	13748944	13744632	4826214	1458707
北 京	12350	5923	106	22475	6440	980	2112493	719630	74772	664586	281363	7268
天 津	7819	4198	201	11500	3452	1229	1006375	314830	90980	357653	141420	9261
河 北	9980	3477	454	33300	5526	10443	2604125	531690	811215	518606	160550	82949
山 西	3380	1957	242	11185	3294	3849	1112872	491862	289246	181971	96069	27456
内 蒙 古	3641	1630	341	6481	982	3217	520850	96893	263184	78495	25667	27344
辽 宁	10384	4708	300	16841	3991	3316	1454861	408127	263010	322438	124957	27280
吉 林	25170	13204	598	27335	6789	4343	2387929	666445	352642	603179	207892	37335
黑 龙 江	8110	4943	305	8453	1915	2739	673102	144763	207341	161018	58004	21482
上 海	30876	14017	33	53253	18406	501	5179680	1715693	38392	1577684	669486	5973
江 苏	29534	10459	396	75030	14770	9690	5673135	1300441	688391	1225687	377510	73176
浙 江	16083	7131	386	44900	11066	8897	3361385	966880	602528	841379	359417	67944
安 徽	10066	3767	608	28760	4156	9361	2265314	328735	697196	451553	113471	80472
福 建	4380	2227	208	14386	3310	4208	1112814	292083	296365	213286	83257	30680
江 西	8337	4820	220	24955	7906	7410	1783832	593663	587034	395412	171238	56815
山 东	16348	5123	699	55322	7016	15872	3641307	515347	969713	704698	179814	109446
河 南	8950	4384	264	37473	5557	14532	2811022	438828	1086009	429072	129767	102763
湖 北	13052	5847	403	31700	7559	7212	2359553	592465	542814	593402	216971	62112
湖 南	10397	3942	447	48747	9523	11622	4137525	951801	775959	823926	279183	89185
广 东	11062	5007	135	39467	5626	10017	3122799	542334	743792	586657	190810	74324
广 西	6096	2340	552	31796	3689	10029	2385358	350219	755342	397992	98827	76819
海 南	3942	1626	279	6715	1240	1802	523172	137061	113970	113250	41352	12542
重 庆	5127	1522	308	13804	1444	3803	983755	166041	268316	203073	56845	30671
四 川	13885	7305	473	36565	6407	9561	2863942	549774	690327	638699	226247	71604
贵 州	1222	696	576	13663	770	8226	874800	73439	607247	169814	27004	68921
云 南	7015	3895	303	18224	5201	6800	1564757	536617	528753	279155	126215	49498
西 藏	773	409	295	1782	175	1168	131635	19483	80418	21113	6296	10018
陕 西	11615	4910	577	20140	3132	5647	1775466	350517	402987	457944	128086	42565
甘 肃	4026	1863	252	9540	1666	3380	641270	146414	232168	144586	56386	23616
青 海	621	280	229	1153	80	795	99299	10549	59300	14075	4550	6335
宁 夏	3220	1101	190	8432	1762	925	995052	210815	69559	286393	69620	8549
新 疆	3666	2251	675	17017	3710	8634	1531112	483815	559974	285687	116012	64304
兵 团	208	150		75	64		5029	4400		2149	1928	

全国各地区各类图书出版数量

（一）使用《中国标准书号》部分合计

	种数（种）合计	种数（种）新版	租型种数（种）	总印数（万册、张）合计	总印数（万册、张）新版	总印数（万册、张）租型	总印张（千印张）合计	总印张（千印张）新版	总印张（千印张）租型	定价总金额（万元）合计	定价总金额（万元）新版	定价总金额（万元）租型
全国总计	505533	224557	11077	1054858	245630	190372	93251980	25380571	13760614	21686284	8331214	1459871
中央	204463	89589	22	284537	89099	164	31566713	10735472	11670	7949147	3511113	1164
地方	301070	134968	11055	770321	156531	190208	61685267	14645099	13748944	13737137	4820101	1458707
北京	12342	5916	106	22457	6422	980	2112043	719180	74772	663002	279779	7268
天津	7819	4198	201	11500	3452	1229	1006375	314830	90980	357653	141420	9261
河北	9980	3477	454	33300	5526	10444	2604125	531690	811215	518606	160550	82950
山西	3380	1957	242	11185	3294	3849	1112872	491862	289246	181971	96069	27456
内蒙古	3641	1630	341	6481	982	3217	520850	96893	263184	78495	25667	27344
辽宁	10383	4707	300	16840	3991	3316	1454858	408124	263010	322433	124952	27280
吉林	25170	13204	598	27335	6789	4343	2387929	666445	352642	603179	207892	37335
黑龙江	8110	4943	305	8453	1915	2739	673102	144763	207341	161018	58004	21482
上海	30875	14016	33	53253	18406	501	5179667	1715692	38392	1577676	669480	5973
江苏	29433	10430	396	74972	14749	9690	5668980	1299513	688391	1224212	376969	73176
浙江	15964	7044	386	44847	11022	8897	3356506	962230	602528	837349	355713	67943
安徽	10066	3767	608	28760	4156	9361	2265314	328735	697196	451553	113471	80473
福建	4380	2227	208	14386	3309	4208	1112732	292001	296365	213278	83250	30680
江西	8337	4820	220	24955	7906	7410	1783832	593663	587034	395412	171238	56815
山东	16348	5123	699	55322	7016	15872	3641307	515347	969713	704698	179814	109446
河南	8950	4384	264	37473	5557	14532	2811022	438828	1086010	429072	129767	102763
湖北	13052	5847	403	31700	7559	7212	2359553	592465	542814	593402	216971	62112
湖南	10397	3942	447	48747	9523	11622	4137524	951801	775959	823926	279183	89185
广东	11061	5007	135	39460	5626	10017	3122677	542334	743792	586630	190810	74324
广西	6095	2340	552	31796	3689	10029	2385313	350219	755342	397980	98827	76819
海南	3942	1626	279	6715	1240	1802	523172	137061	113970	113250	41352	12542
重庆	5127	1522	308	13804	1444	3803	983755	166041	268316	203073	56845	30671
四川	13885	7305	473	36565	6407	9561	2863942	549774	690327	638699	226247	71604
贵州	1222	696	576	13663	770	8226	874800	73439	607247	169814	27004	68921
云南	7011	3895	303	18222	5200	6800	1564736	536608	528753	279142	126209	49498
西藏	773	409	295	1782	175	1168	131635	19483	80418	21113	6296	10018
陕西	11615	4910	577	20137	3130	5647	1775258	350368	402987	457881	128042	42565
甘肃	4001	1848	252	9535	1662	3380	640969	146204	232168	144371	56225	23616
青海	621	280	229	1153	80	795	99299	10549	59300	14075	4550	6335
宁夏	3220	1101	190	8432	1762	925	995052	210815	69559	286393	69620	8549
新疆	3662	2247	675	17015	3708	8634	1531038	483741	559974	285633	115958	64304
兵团	208	150		75	64		5029	4400		2149	1928	

全国各地区各类图书出版数量（续表1）

	\multicolumn{11}{c	}{A 马克思主义、列宁主义、毛泽东思想}
	\multicolumn{2}{c	}{种数（种）}	租型种数（种）	\multicolumn{3}{c	}{总印数（万册、张）}	\multicolumn{3}{c	}{总印张（千印张）}	\multicolumn{3}{c	}{定价总金额（万元）}
	合计	新版		合计	新版	租型	合计	新版	租型	合计	新版	租型
全国总计	758	418	1	1567	164	10	273464	25033	100	49279	8708	40
中　央	437	204		1437	113		251246	16828		42189	5751	
地　方	321	214	1	130	51	10	22218	8205	100	7090	2957	40
北　京	27	18		9	3		1618	421		506	218	
天　津	14	11		8	6		1079	846		474	419	
河　北	10	8		2	1		278	165		78	45	
山　西	3	1		2			183	11		51	7	
内 蒙 古	4	2		1			244	19		27	3	
辽　宁	32	30		8	8		1940	1806		681	620	
吉　林	21	17		5	1		740	200		171	53	
黑 龙 江	6	5		1	1		160	124		57	50	
上　海	28	19		8	5		1455	804		451	259	
江　苏	53	28		25	8		3288	1048		971	360	
浙　江	10	8		3	3		344	288		108	96	
安　徽	3	2		1			114	50		33	15	
福　建	2	1		1	1		117	81		25	16	
江　西	8	7		4	2		520	421		143	113	
山　东	9	7		2	1		173	106		71	37	
河　南	4	2		4	1		636	113		115	25	
湖　北	8	6	1	13	1	10	2129	233	100	1326	122	40
湖　南	18	7		7	2		1412	303		382	99	
广　东	9	3		2			156	74		42	16	
广　西	11	8		9	2		1847	276		526	123	
海　南												
重　庆	7	4		3	1		566	208		179	61	
四　川	17	5		11	2		2802	272		541	88	
贵　州	1						34			9		
云　南	4	4		1	1		148	148		53	53	
西　藏												
陕　西	8	7		1	1		214	168		65	54	
甘　肃	2	2					16	16		4	4	
青　海												
宁　夏												
新　疆	2	2					4	4		1	1	
兵　团												

全国各地区各类图书出版数量（续表2）

		B 哲学									
		种数（种）		租型种数（种）	总印数（万册、张）			总印张（千印张）			定价总金额（万元）		
		合计	新版		合计	新版	租型	合计	新版	租型	合计	新版	租型
全国总计		9506	5086		9107	3983		1162651	482676		419429	209701	
中 央		5071	2572		5291	2119		690896	262554		247930	115508	
地 方		4435	2514		3816	1864		471755	220122		171499	94193	
北 京		287	211		317	206		39368	25476		16425	11974	
天 津		159	91		250	121		25595	9320		9606	4369	
河 北		7	6		1			117	47		55	15	
山 西		36	31		21	11		2120	1205		969	527	
内 蒙 古		38	12		18	2		2922	378		704	159	
辽 宁		100	58		68	28		7038	2906		2251	1120	
吉 林		337	184		365	154		37151	13769		12940	5134	
黑 龙 江		81	80		49	49		5825	5806		2796	2791	
上 海		886	399		505	178		83548	29069		25301	10556	
江 苏		464	226		374	185		45695	22789		16830	9792	
浙 江		201	96		199	43		25906	6213		10781	3446	
安 徽		42	29		13	6		1567	824		448	314	
福 建		76	52		48	19		6878	2900		2206	1225	
江 西		113	87		83	61		9511	7098		3210	2620	
山 东		256	184		64	29		9100	4863		5075	3967	
河 南		157	67		89	22		9663	3263		2636	1116	
湖 北		194	103		98	48		11155	5757		3859	2232	
湖 南		89	48		314	220		30186	20414		12936	10013	
广 东		158	100		83	43		12180	5349		4318	2358	
广 西		90	37		90	17		13188	2845		3648	1015	
海 南		31	8		16	3		2871	323		766	145	
重 庆		49	15		30	19		5259	3373		1665	1165	
四 川		295	182		617	334		65313	33386		26826	14416	
贵 州		21	20		13	13		1992	1962		586	575	
云 南		30	20		9	3		1362	438		401	237	
西 藏		91	80		25	22		4768	4467		1102	1037	
陕 西		66	36		32	12		6328	1646		1646	740	
甘 肃		35	24		11	9		3410	3192		831	785	
青 海		38	22		12	7		1469	912		603	289	
宁 夏		2	1					44	30		33	29	
新 疆		5	4		1			208	84		41	25	
兵 团		1	1					17	17		6	6	

全国各地区各类图书出版数量（续表3）

		C 社会科学总论										
		种数（种）		租型种数（种）	总印数（万册、张）			总印张（千印张）			定价总金额（万元）		
		合计	新版		合计	新版	租型	合计	新版	租型	合计	新版	租型
全国总计		5378	2713		3407	1605		491109	211259		164482	84658	
中　央		3322	1526		2038	923		316240	130346		104170	51360	
地　方		2056	1187		1369	682		174869	80913		60312	33298	
北　京		94	53		109	51		12298	6029		4320	2245	
天　津		67	34		82	23		10669	2658		3314	1274	
河　北		26	25		5	5		940	929		292	288	
山　西		7	5		7	3		1217	807		359	215	
内 蒙 古		17	13		9	1		1488	326		403	189	
辽　宁		169	51		51	13		7846	2036		2018	611	
吉　林		137	108		79	48		8024	4742		2907	1788	
黑 龙 江		37	27		14	10		1686	1203		600	460	
上　海		355	195		154	53		26522	8150		7376	3134	
江　苏		140	69		103	33		12150	4170		4306	1800	
浙　江		214	121		156	81		21398	10219		8697	4593	
安　徽		35	22		6	3		948	532		265	173	
福　建		34	25		20	17		2783	2208		1634	1498	
江　西		31	24		20	17		2451	2182		816	735	
山　东		45	28		35	31		4053	3575		1560	1427	
河　南		19	11		3	2		516	241		152	85	
湖　北		114	62		39	20		5083	1882		1465	721	
湖　南		40	16		49	28		7239	2681		2096	1265	
广　东		92	46		25	14		3941	2086		1352	903	
广　西		31	22		17	10		3357	2277		1114	715	
海　南		23	15		8	3		1513	409		383	173	
重　庆		74	23		25	5		5005	816		1174	227	
四　川		127	87		308	183		28815	16922		11376	7161	
贵　州		5	5		1	1		115	115		28	28	
云　南		28	24		13	10		1661	1472		638	592	
西　藏		3	3		2	2		66	66		130	130	
陕　西		64	48		23	10		2228	1447		1217	569	
甘　肃		21	18		5	5		753	628		283	261	
青　海		1	1					4	4		1	1	
宁　夏		6	6					100	100		36	36	
新　疆													
兵　团													

全国各地区各类图书出版数量（续表4）

					D 政治、法律						
	种数（种）		租型种数（种）	总印数（万册、张）			总印张（千印张）			定价总金额（万元）		
	合计	新版		合计	新版	租型	合计	新版	租型	合计	新版	租型
全国总计	17939	12178	38	34380	27182	378	4185258	3312037	14370	986324	770304	3342
中　　央	13251	8813	1	29514	24205	1	3748051	3050693	52	859641	688007	16
地　　方	4688	3365	37	4866	2977	377	437207	261344	14318	126683	82297	3326
北　京	137	85		77	48		8761	5276		2742	1943	
天　津	120	86		461	433		12603	9381		5245	4029	
河　北	46	40		12	4		1896	800		597	273	
山　西	48	45		12	12		2160	2089		810	779	
内蒙古	43	34		9	7		1422	1168		440	387	
辽　宁	193	113		118	87		18122	13271		3825	2653	
吉　林	223	201	3	42	29	5	5239	3901	233	1699	1335	83
黑龙江	83	80		35	33		4441	4218		1071	1025	
上　海	855	578	1	341	194	8	60417	31099	1445	19665	12173	240
江　苏	386	251		258	180		29060	19917		9326	6424	
浙　江	192	135	11	615	422	129	36432	22886	4753	8250	4852	1179
安　徽	83	51		123	14		8717	1992		2475	971	
福　建	158	111	3	73	29	3	8721	4150	195	2909	1656	55
江　西	118	102		57	41		7266	5456		2018	1651	
山　东	139	111	4	128	43	19	11065	5035	1221	4741	2141	229
河　南	114	95	2	110	34	67	6702	4804	957	2282	1775	280
湖　北	293	205	3	771	738	4	49426	44668	142	13496	12327	51
湖　南	140	83	1	161	104	1	12107	8744	63	3742	2650	18
广　东	261	181	1	516	108	18	48892	18762	3125	13561	6481	532
广　西	117	87	3	164	135	2	21582	16056	98	4970	3343	28
海　南	18	15		4	4		598	525		228	211	
重　庆	38	27		10	8		1568	1212		502	381	
四　川	364	240	1	258	121		39288	19134	23	11370	5953	3
贵　州	41	32		9	5		1515	765		742	339	
云　南	200	193	1	43	35		10963	7925	70	4085	3615	8
西　藏	28	19		27	24		882	703		577	520	
陕　西	165	92	1	246	22	2	20420	3067	96	3102	1003	14
甘　肃	31	22		12	8		2072	1503		527	352	
青　海	12	10		4	4		631	599		311	302	
宁　夏	11	11		4	4		458	458		154	154	
新　疆	27	26	2	167	46	120	3688	1688	1897	1183	562	606
兵　团	4	4					93	93		37	37	

全国各地区各类图书出版数量（续表5）

<table>
<tr><th colspan="13">E 军事</th></tr>
<tr><th rowspan="2"></th><th colspan="2">种数（种）</th><th rowspan="2">租型种数（种）</th><th colspan="3">总印数（万册、张）</th><th colspan="3">总印张（千印张）</th><th colspan="3">定价总金额（万元）</th></tr>
<tr><th>合计</th><th>新版</th><th>合计</th><th>新版</th><th>租型</th><th>合计</th><th>新版</th><th>租型</th><th>合计</th><th>新版</th><th>租型</th></tr>
<tr><td>全国总计</td><td>1218</td><td>699</td><td></td><td>957</td><td>599</td><td></td><td>115620</td><td>67784</td><td></td><td>37364</td><td>24237</td><td></td></tr>
<tr><td>中　央</td><td>734</td><td>447</td><td></td><td>487</td><td>355</td><td></td><td>58829</td><td>36816</td><td></td><td>21095</td><td>14523</td><td></td></tr>
<tr><td>地　方</td><td>484</td><td>252</td><td></td><td>470</td><td>244</td><td></td><td>56791</td><td>30968</td><td></td><td>16269</td><td>9714</td><td></td></tr>
<tr><td>北　京</td><td>19</td><td>9</td><td></td><td>24</td><td>6</td><td></td><td>3171</td><td>734</td><td></td><td>1073</td><td>451</td><td></td></tr>
<tr><td>天　津</td><td>5</td><td>2</td><td></td><td>5</td><td>3</td><td></td><td>422</td><td>64</td><td></td><td>211</td><td>73</td><td></td></tr>
<tr><td>河　北</td><td>2</td><td>2</td><td></td><td></td><td></td><td></td><td>106</td><td>106</td><td></td><td>143</td><td>143</td><td></td></tr>
<tr><td>山　西</td><td>5</td><td>3</td><td></td><td>2</td><td>2</td><td></td><td>347</td><td>155</td><td></td><td>100</td><td>64</td><td></td></tr>
<tr><td>内 蒙 古</td><td>2</td><td>1</td><td></td><td></td><td></td><td></td><td>53</td><td>29</td><td></td><td>15</td><td>11</td><td></td></tr>
<tr><td>辽　宁</td><td>20</td><td>9</td><td></td><td>11</td><td>5</td><td></td><td>1126</td><td>486</td><td></td><td>422</td><td>211</td><td></td></tr>
<tr><td>吉　林</td><td>58</td><td>27</td><td></td><td>34</td><td>7</td><td></td><td>2857</td><td>437</td><td></td><td>1170</td><td>158</td><td></td></tr>
<tr><td>黑 龙 江</td><td>25</td><td>14</td><td></td><td>4</td><td>3</td><td></td><td>373</td><td>309</td><td></td><td>125</td><td>107</td><td></td></tr>
<tr><td>上　海</td><td>54</td><td>28</td><td></td><td>31</td><td>10</td><td></td><td>5795</td><td>1746</td><td></td><td>1458</td><td>670</td><td></td></tr>
<tr><td>江　苏</td><td>41</td><td>29</td><td></td><td>84</td><td>78</td><td></td><td>9299</td><td>8325</td><td></td><td>2559</td><td>2254</td><td></td></tr>
<tr><td>浙　江</td><td>21</td><td>10</td><td></td><td>81</td><td>18</td><td></td><td>5915</td><td>1634</td><td></td><td>1635</td><td>717</td><td></td></tr>
<tr><td>安　徽</td><td>3</td><td>1</td><td></td><td>5</td><td>4</td><td></td><td>817</td><td>693</td><td></td><td>187</td><td>160</td><td></td></tr>
<tr><td>福　建</td><td>10</td><td>8</td><td></td><td>21</td><td>19</td><td></td><td>4973</td><td>4576</td><td></td><td>1140</td><td>1070</td><td></td></tr>
<tr><td>江　西</td><td>7</td><td>3</td><td></td><td>8</td><td>2</td><td></td><td>802</td><td>181</td><td></td><td>197</td><td>100</td><td></td></tr>
<tr><td>山　东</td><td>22</td><td>11</td><td></td><td>22</td><td>6</td><td></td><td>2110</td><td>667</td><td></td><td>781</td><td>318</td><td></td></tr>
<tr><td>河　南</td><td>18</td><td>5</td><td></td><td>15</td><td>4</td><td></td><td>1463</td><td>577</td><td></td><td>351</td><td>151</td><td></td></tr>
<tr><td>湖　北</td><td>23</td><td>10</td><td></td><td>9</td><td>6</td><td></td><td>1192</td><td>756</td><td></td><td>362</td><td>270</td><td></td></tr>
<tr><td>湖　南</td><td>30</td><td>18</td><td></td><td>23</td><td>17</td><td></td><td>3004</td><td>2090</td><td></td><td>901</td><td>664</td><td></td></tr>
<tr><td>广　东</td><td>22</td><td>14</td><td></td><td>13</td><td>7</td><td></td><td>2787</td><td>1775</td><td></td><td>800</td><td>546</td><td></td></tr>
<tr><td>广　西</td><td>5</td><td>2</td><td></td><td>3</td><td>1</td><td></td><td>533</td><td>82</td><td></td><td>104</td><td>23</td><td></td></tr>
<tr><td>海　南</td><td>2</td><td>2</td><td></td><td></td><td></td><td></td><td>84</td><td>84</td><td></td><td>34</td><td>34</td><td></td></tr>
<tr><td>重　庆</td><td>6</td><td>3</td><td></td><td>2</td><td>1</td><td></td><td>516</td><td>311</td><td></td><td>106</td><td>57</td><td></td></tr>
<tr><td>四　川</td><td>38</td><td>13</td><td></td><td>26</td><td>6</td><td></td><td>4008</td><td>1345</td><td></td><td>975</td><td>310</td><td></td></tr>
<tr><td>贵　州</td><td>5</td><td>2</td><td></td><td>19</td><td>19</td><td></td><td>684</td><td>656</td><td></td><td>387</td><td>380</td><td></td></tr>
<tr><td>云　南</td><td>4</td><td>1</td><td></td><td>4</td><td>1</td><td></td><td>616</td><td>32</td><td></td><td>107</td><td>5</td><td></td></tr>
<tr><td>西　藏</td><td></td><td></td><td></td><td></td><td></td><td></td><td></td><td></td><td></td><td></td><td></td><td></td></tr>
<tr><td>陕　西</td><td>31</td><td>23</td><td></td><td>21</td><td>19</td><td></td><td>3522</td><td>3077</td><td></td><td>828</td><td>731</td><td></td></tr>
<tr><td>甘　肃</td><td>1</td><td></td><td></td><td></td><td></td><td></td><td>20</td><td></td><td></td><td>7</td><td></td><td></td></tr>
<tr><td>青　海</td><td>1</td><td>1</td><td></td><td></td><td></td><td></td><td>19</td><td>19</td><td></td><td>29</td><td>29</td><td></td></tr>
<tr><td>宁　夏</td><td>3</td><td>1</td><td></td><td>1</td><td></td><td></td><td>84</td><td>22</td><td></td><td>33</td><td>6</td><td></td></tr>
<tr><td>新　疆</td><td></td><td></td><td></td><td></td><td></td><td></td><td></td><td></td><td></td><td></td><td></td><td></td></tr>
<tr><td>兵　团</td><td>1</td><td></td><td></td><td>1</td><td></td><td></td><td>94</td><td></td><td></td><td>29</td><td></td><td></td></tr>
</table>

全国各地区各类图书出版数量（续表6）

	F 经济									
	种数（种）		租型种数（种）	总印数（万册、张）			总印张（千印张）			定价总金额（万元）		
	合计	新版		合计	新版	租型	合计	新版	租型	合计	新版	租型
全国总计	34239	18988		15616	8540		2656515	1473788		845083	523802	
中 央	23806	12554		11112	5838		1868161	982110		600906	358762	
地 方	10433	6434		4504	2702		788354	491678		244177	165040	
北 京	699	460		867	809		195960	186986		48213	46059	
天 津	292	183		164	69		23548	9583		10061	5629	
河 北	54	49		8	6		1431	1336		611	590	
山 西	96	86		30	24		4384	3704		2188	1986	
内 蒙 古	61	57		15	14		2010	1805		768	724	
辽 宁	1009	263		356	57		64429	9141		14655	2800	
吉 林	559	510		87	57		9421	6652		3177	2545	
黑 龙 江	227	181		40	30		5627	4148		1894	1469	
上 海	2164	1237		1014	505		193610	93545		55321	31379	
江 苏	848	499		242	148		35230	21077		12001	8093	
浙 江	422	247		315	138		45769	20528		17859	8279	
安 徽	171	118		50	35		7279	5200		2433	1925	
福 建	176	104		54	32		12619	8252		7426	6211	
江 西	152	136		45	41		6596	6109		2384	2235	
山 东	208	151		39	28		6561	4859		2540	2112	
河 南	182	129		42	30		7633	5845		3285	2737	
湖 北	515	317		95	52		15985	8676		5345	3388	
湖 南	173	102		63	42		9851	6204		3615	2717	
广 东	581	351		307	167		43183	26707		15577	10061	
广 西	119	79		39	18		5771	2733		2247	1135	
海 南	43	32		80	76		10059	9285		4118	3869	
重 庆	197	62		47	17		6969	2083		2149	805	
四 川	891	600		374	200		53685	30013		17613	10603	
贵 州	36	32		9	8		1384	1319		726	702	
云 南	164	157		28	26		4170	4038		2481	2436	
西 藏	9	9		3	3		324	324		151	151	
陕 西	311	214		72	52		11200	8071		3805	2922	
甘 肃	38	34		6	5		1241	1083		472	434	
青 海	9	9		1	1		313	313		334	334	
宁 夏	12	12		6	6		1247	1247		440	440	
新 疆	8	7		6	5		710	657		198	181	
兵 团	7	7		1	1		154	154		89	89	

全国各地区各类图书出版数量（续表7）

		G 文化、科学、教育、体育										
		种数（种）		租型种数（种）	总印数（万册、张）			总印张（千印张）			定价总金额（万元）		
		合计	新版		合计	新版	租型	合计	新版	租型	合计	新版	租型
全国总计		203978	68265	11032	801214	130153	189898	61413588	11136989	13744387	11491453	2959585	1456000
中 央		36443	12835	21	151363	25911	163	12114610	2200981	11618	2227549	560606	1148
地 方		167535	55430	11011	649851	104242	189735	49298978	8936008	13732769	9263904	2398979	1454852
北 京		5716	1922	106	13563	2394	980	1063094	216806	74772	305511	69712	7268
天 津		2911	1066	201	6337	1176	1229	561304	126276	90980	176078	47280	9261
河 北		8287	2308	453	31371	4957	10440	2472983	464466	811062	443436	127267	82917
山 西		2030	887	242	10584	2888	3849	1014475	421079	289246	137977	59228	27456
内 蒙 古		2130	488	341	6080	713	3217	463578	55830	263184	57583	8251	27344
辽 宁		4522	1808	300	12583	2339	3316	1016456	241373	263010	184003	57178	27280
吉 林		17133	7513	595	23749	5300	4338	2024774	500371	352409	486578	147821	37252
黑 龙 江		3978	1757	305	7369	1065	2739	561891	59308	207341	117691	22285	21482
上 海		11034	4091	32	37217	12492	493	3022884	981475	36947	917029	368824	5733
江 苏		17453	3724	396	65909	10313	9690	4652909	809431	688391	856721	174729	73176
浙 江		8351	2831	375	35974	7048	8767	2503116	593350	597774	497378	169285	66764
安 徽		6763	1905	607	25244	2627	9361	1989998	207615	697170	350856	60725	80464
福 建		2252	770	205	13009	2420	4205	963606	198693	296169	156495	41507	30625
江 西		4521	2347	220	18838	5574	7410	1334746	388237	587034	228359	89205	56815
山 东		11541	2257	695	49477	4756	15853	3172585	307737	968492	511363	78404	109218
河 南		4764	1641	262	35396	4597	14465	2608699	312574	1085053	339777	64926	102484
湖 北		6188	2001	399	26122	5132	7198	1789193	343949	542572	416585	125117	62020
湖 南		6197	1743	445	41699	5117	11621	3298913	428335	775281	570034	108801	89050
广 东		6171	1918	134	35888	3747	10000	2724323	313699	740667	426743	84819	73792
广 西		2946	715	548	28437	2354	10028	2057019	213740	755219	262341	35260	76785
海 南		3084	1096	279	5793	817	1802	407620	77200	113970	71922	18898	12542
重 庆		2521	514	308	12541	920	3803	802338	85633	268316	139712	25362	30671
四 川		5499	2464	472	27018	2741	9560	1991704	187418	690304	313237	68643	71601
贵 州		408	186	576	9727	411	8226	703271	36393	607247	87823	7974	68921
云 南		4116	1465	302	16052	4082	6800	1359218	427997	528683	196712	69083	49489
西 藏		269	76	295	1605	74	1168	110040	5411	80418	14494	1210	10018
陕 西		7429	2304	576	17581	1989	5645	1529186	219389	402891	326851	71408	42551
甘 肃		2806	901	252	9001	1287	3380	576416	95738	232168	112781	29093	23616
青 海		297	23	229	1069	17	795	88169	1527	59300	9087	352	6335
宁 夏		2876	772	190	8259	1620	925	973908	197040	69559	276465	62387	8549
新 疆		3201	1849	671	16294	3221	8433	1456887	414736	557139	270934	102766	63374
兵 团		141	88		64	54		3674	3182		1349	1178	

全国各地区各类图书出版数量（续表8）

		H 语言、文字									
		种数（种）		租型种数（种）	总印数（万册、张）			总印张（千印张）			定价总金额（万元）		
		合计	新版		合计	新版	租型	合计	新版	租型	合计	新版	租型
全国总计		21222	7818		28132	6071		3865341	764494		1022815	252813	
中 央		11552	3490		18770	3022		2630211	383532		682777	129565	
地 方		9670	4328		9362	3049		1235130	380962		340038	123248	
北 京		381	217		381	128		42231	13364		16977	9651	
天 津		172	102		81	45		11139	5902		4349	2287	
河 北		109	42		74	15		3180	1852		1869	974	
山 西		35	22		19	7		3198	1119		733	385	
内 蒙 古		137	108		35	20		6021	3261		1458	1037	
辽 宁		583	222		327	92		37225	10367		10820	3331	
吉 林		746	519		329	99		31070	13513		11447	4338	
黑 龙 江		208	160		49	38		5239	3048		1750	1289	
上 海		3065	987		3866	689		657307	100813		161758	32394	
江 苏		851	404		475	222		62906	28726		19526	10050	
浙 江		643	248		1115	628		84300	47205		26438	15300	
安 徽		102	41		84	51		7859	3454		2334	1146	
福 建		85	48		40	17		4536	1928		1242	653	
江 西		155	61		373	86		19600	4220		4531	1506	
山 东		203	83		144	34		13330	3807		5095	1381	
河 南		111	38		89	34		10526	3893		3051	1737	
湖 北		310	132		141	59		20490	7360		5480	2450	
湖 南		150	48		273	43		22665	6032		6855	2309	
广 东		284	144		226	86		17972	6614		6728	2757	
广 西		76	27		62	27		6606	3549		2412	1397	
海 南		23	19		25	20		5407	4507		1234	928	
重 庆		142	35		46	15		6507	2502		1708	686	
四 川		438	198		408	155		50851	21538		16335	7922	
贵 州		18	8		105	2		7288	361		2949	61	
云 南		161	141		94	63		7996	4489		3105	2078	
西 藏		47	16		21	3		2236	456		420	114	
陕 西		259	132		190	112		22299	14117		9000	5305	
甘 肃		141	97		71	43		11526	9539		3162	2566	
青 海		10	6		3	2		248	148		74	52	
宁 夏		11	11		1	1		111	111		78	78	
新 疆 兵 团		14	12		216	214		53262	53166		7121	7087	

全国各地区各类图书出版数量（续表9）

		I 文学
		种数（种）	租型种数（种）	colspan=3	总印数（万册、张）	colspan=3	总印张（千印张）	colspan=3	定价总金额（万元）
	合计	新版		合计	新版	租型	合计	新版	租型	合计	新版	租型
全国总计	53191	31037	2	77065	30923	4	7980708	3120870	767	2469936	1153742	151
中 央	14711	8787		20095	8104		2829584	857331		741247	331923	
地 方	38480	22250	2	56970	22819	4	5151124	2263539	767	1728689	821819	151
北 京	2388	1096		4665	1632		477111	153221		150002	63940	
天 津	1526	721		2968	1029		249433	85473		95087	39696	
河 北	719	374	1	1577	337	3	94168	37284	152	49485	11049	33
山 西	453	360		200	126		27665	17950		9117	6532	
内 蒙 古	667	464		216	145		26060	19606		8057	6477	
辽 宁	1201	732		2283	675		181161	53453		50628	19548	
吉 林	2101	1065		1276	550		142979	58873		38638	17947	
黑 龙 江	1106	816		474	373		37638	28675		14559	11855	
上 海	3567	2099		3309	1505		392082	174654		131051	68694	
江 苏	3738	2297		4328	2098		451681	223052		144929	80355	
浙 江	2170	1170		4257	1549		388830	131765		126448	52788	
安 徽	1138	633		2010	1029		135006	66533		45364	24873	
福 建	600	406		543	346		49698	32744		15208	10449	
江 西	1908	1145		3412	1297		222556	100256		84063	37362	
山 东	2085	1051		4471	1537		318819	118714		117424	46786	
河 南	898	541		870	299		56077	30061		20421	11018	
湖 北	1496	934		2029	771		222276	82082		57953	24933	
湖 南	1651	883	1	4317	3042	1	562351	393729	615	154408	110396	118
广 东	1269	842		1168	728		123077	76176		43629	29616	
广 西	1526	718		1982	689		172800	63765		62145	27365	
海 南	433	217		401	190		50275	27911		17513	10105	
重 庆	412	274		384	235		60908	37651		18740	11720	
四 川	2356	1284		4391	1090		359597	113804		128411	42727	
贵 州	401	190		2644	196		113268	19849		52844	7113	
云 南	836	575		1351	427		117399	40219		34291	13742	
西 藏	138	72		36	17		3880	2000		1002	636	
陕 西	775	541		842	494		63267	40688		33667	16429	
甘 肃	486	361		309	203		24859	15770		12877	9987	
青 海	123	105		40	33		4976	4279		1638	1423	
宁 夏	153	144		130	100		14780	7569		6633	3990	
新 疆	138	120		82	72		5979	5293		2274	2091	
兵 团	22	20		4	4		467	439		184	178	

全国各地区各类图书出版数量（续表10）

| | \multicolumn{11}{c|}{J 艺术} |
| | \multicolumn{2}{c|}{种数（种）} | 租型种数（种） | \multicolumn{3}{c|}{总印数（万册、张）} | \multicolumn{3}{c|}{总印张（千印张）} | \multicolumn{3}{c|}{定价总金额（万元）} |
	合计	新版		合计	新版	租型	合计	新版	租型	合计	新版	租型
全国总计	26539	15064	1	20568	8962	1	1841084	805444	26	875471	521125	8
中　　央	8619	4273		6196	2653		588228	245613		281606	157876	
地　　方	17920	10791	1	14372	6309	1	1252856	559831	26	593865	363249	8
北　　京	742	613		435	320		41654	28613		27725	22943	
天　　津	519	384		268	175		20471	13855		13079	10010	
河　　北	335	288		155	130		14848	12998		14019	12586	
山　　西	111	98		128	111		25537	23286		14824	14309	
内 蒙 古	71	53		22	14		1677	1199		929	774	
辽　　宁	567	296		291	227		25108	17977		12067	9054	
吉　　林	1066	782		681	234		49784	22126		16365	9014	
黑 龙 江	475	431		75	63		6519	5478		3626	3244	
上　　海	3713	1508		3598	692		334031	79127		117619	45021	
江　　苏	1164	696		795	583		65979	39411		35684	22051	
浙　　江	2089	1297		918	514		106257	67240		82045	64728	
安　　徽	770	396	1	800	189	1	67182	18021	26	26436	10512	8
福　　建	221	173		102	92		8083	7513		5312	4988	
江　　西	445	282		1356	323		95480	27667		38738	14126	
山　　东	368	276		108	74		13302	9870		10770	9398	
河　　南	671	431		316	196		25769	17895		15537	12290	
湖　　北	780	390		840	216		72298	19258		26566	10610	
湖　　南	802	370		871	533		84167	39502		31145	19404	
广　　东	481	357		354	283		34069	27289		17519	14360	
广　　西	331	202		155	76		23276	9864		12150	6134	
海　　南	61	48		36	14		2023	1183		1018	714	
重　　庆	589	205		317	91		36196	12176		15742	6337	
四　　川	844	625		1251	716		65955	31965		32972	21222	
贵　　州	50	35		33	20		4210	2326		4008	3194	
云　　南	209	206		338	338		12752	12704		7652	7640	
西　　藏	55	26		21	7		2186	920		734	363	
陕　　西	235	182		53	28		6974	3826		4218	3122	
甘　　肃	94	87		41	38		5208	4860		4290	4093	
青　　海	23	18		3	2		381	219		220	169	
宁　　夏	16	15		2	2		450	447		308	304	
新　　疆	8	8		4	4		819	819		434	434	
兵　　团	15	13		4	3		212	197		114	100	

全国各地区各类图书出版数量（续表11）

	\multicolumn{11}{c	}{K 历史、地理}
	种数（种）		租型种数（种）	总印数（万册、张）			总印张（千印张）			定价总金额（万元）		
	合计	新版		合计	新版	租型	合计	新版	租型	合计	新版	租型
全国总计	18913	12324	2	15155	7456	81	2125603	1136831	938	897811	591303	324
中　央	8458	4944		8063	4093		1195437	639606		478755	305828	
地　方	10455	7380	2	7092	3363	81	930166	497225	938	419056	285475	324
北　京	556	363		637	246		84946	29351		30426	17214	
天　津	276	183		148	87		24555	15253		12978	9862	
河　北	143	135		36	32		6433	6055		3739	3634	
山　西	275	242		94	68		16216	12717		9345	8292	
内 蒙 古	205	178		41	37		8229	7458		4857	4696	
辽　宁	289	192		169	102		18993	11322		6840	4726	
吉　林	418	228		140	45		15736	5467		5549	2353	
黑 龙 江	243	119		77	37		7281	4855		3649	2113	
上　海	1302	826		848	379		140223	68154		50151	33680	
江　苏	918	623		763	240		101016	39330		42683	23751	
浙　江	557	403		343	140		56473	23896		24237	13195	
安　徽	264	216		136	66		13644	8743		9167	5565	
福　建	258	204		100	65		12076	8297		5060	4211	
江　西	315	259		244	208		30258	25634		12635	11258	
山　东	465	361		379	265		32339	27562		20531	17706	
河　南	413	314		141	87		25253	19540		14335	12684	
湖　北	484	363		252	127		37789	19505		14041	9525	
湖　南	268	214		254	184		28780	19750		12863	10033	
广　东	509	364		311	188		38822	28551		26256	22869	
广　西	285	175		194	104		30504	13236		12230	6965	
海　南	74	60		290	75		32646	9963		12666	4067	
重　庆	123	75		64	33		11271	6625		5211	3865	
四　川	729	370		801	241		80856	32537		30955	16030	
贵　州	113	96		174	33		17324	5578		10342	4919	
云　南	350	301		88	66		21534	17997		15317	14521	
西　藏	58	42		19	12		3354	2500		881	693	
陕　西	317	256		135	75		17798	13622		13015	8665	
甘　肃	151	134		40	35		10253	9647		6666	6433	
青　海	41	31		9	6		1377	1037		528	424	
宁　夏	23	23		7	7		1031	1031		798	798	
新　疆	27	24	2	157	72	81	3034	1888	938	999	621	324
兵　团	6	6		1	1		123	123		107	107	

全国各地区各类图书出版数量（续表12）

	种数（种） 合计	种数（种） 新版	租型种数（种）	总印数（万册、张）合计	总印数（万册、张）新版	总印数（万册、张）租型	总印张（千印张）合计	总印张（千印张）新版	总印张（千印张）租型	定价总金额（万元）合计	定价总金额（万元）新版	定价总金额（万元）租型
	\multicolumn{12}{c}{N 自然科学总论}
全国总计	861	427		822	297		98310	31025		45171	15739	
中央	447	190		276	116		60065	15503		28168	7347	
地方	414	237		546	181		38245	15522		17003	8392	
北京	24	8		61	20		5354	637		1509	401	
天津	18	11		36	32		2930	2528		1720	1440	
河北	4	4		1	1		138	138		47	47	
山西	2	2		1	1		79	79		24	24	
内蒙古												
辽宁	12	10		7	7		721	701		222	217	
吉林	9	4		14	2		942	116		388	69	
黑龙江	5	5		4	4		340	340		402	402	
上海	65	42		24	17		3154	2108		1212	956	
江苏	28	8		13	4		1337	336		743	194	
浙江	22	12		19	9		3436	1722		1294	899	
安徽	11	3		43	1		472	52		316	61	
福建	9	8		4	3		280	227		167	138	
江西	17	8		19	7		1998	639		618	216	
山东	6	4		12	1		1063	197		496	78	
河南	2	1		1			38	5		14	1	
湖北	20	10		114	6		4322	729		1504	233	
湖南	14	6		54	9		3037	764		1129	376	
广东	14	9		4	3		374	280		188	141	
广西	31	23		35	19		3279	1319		1931	1106	
海南	1	1					40	40		27	27	
重庆	6	2		2	1		320	174		197	138	
四川	31	11		22	13		2053	1323		813	537	
贵州	3	1		21	1		992	81		632	30	
云南	4	1		2			74	5		40	3	
西藏												
陕西	23	13		15	5		565	160		962	273	
甘肃	2	2					15	15		4	4	
青海	2			1			37			12		
宁夏												
新疆	29	28		17	16		854	807		391	381	
兵团												

全国各地区各类图书出版数量（续表13）

				O 数理科学、化学							
		种数（种）		租型种数（种）	总印数（万册、张）			总印张（千印张）			定价总金额（万元）
		合计	新版		合计	新版	租型	合计	新版	租型	合计	新版	租型

	合计	新版	租型种数	合计	新版	租型	合计	新版	租型	合计	新版	租型
全国总计	10682	2863		6236	1951		842534	234027		224028	81297	
中　　央	7379	1588		3827	1238		635301	163402		155877	51597	
地　　方	3303	1275		2409	713		207233	70625		68151	29700	
北　　京	94	59		264	140		17166	6089		7458	4278	
天　　津	132	23		313	8		11280	958		3954	493	
河　　北	7	7		1	1		101	101		36	36	
山　　西	1	1		1	1		39	39		13	13	
内 蒙 古	13	8		1			324	139		46	25	
辽　　宁	139	52		36	10		5209	1390		1266	386	
吉　　林	159	93		116	18		6909	2272		2861	786	
黑 龙 江	280	199		53	37		9635	6760		3032	2379	
上　　海	541	172		194	66		35516	11879		8314	3354	
江　　苏	361	130		147	71		19911	9851		6686	3633	
浙　　江	129	30		55	13		9252	1850		2000	525	
安　　徽	143	41		52	13		8450	1805		2341	645	
福　　建	29	6		7	2		1230	257		291	91	
江　　西	85	28		105	41		10787	4203		3257	1335	
山　　东	70	24		33	4		4921	572		949	144	
河　　南	47	21		17	11		1798	807		553	355	
湖　　北	317	99		453	47		25061	5597		7799	1678	
湖　　南	120	27		192	7		7334	947		2390	311	
广　　东	60	18		13	6		1708	512		428	195	
广　　西	27	7		42	24		2005	1037		2423	1506	
海　　南	13	7		7	3		918	399		317	172	
重　　庆	80	25		33	12		3985	1208		1421	457	
四　　川	170	57		134	94		7557	3516		4179	3031	
贵　　州	2	1					82	17		16	5	
云　　南	8	5		2			232	63		64	22	
西　　藏												
陕　　西	255	120		135	83		15399	8048		5930	3738	
甘　　肃	15	9		1	1		278	161		93	74	
青　　海												
宁　　夏	4	4					18	18		5	5	
新　　疆	2	2		1	1		129	129		28	28	
兵　　团												

全国各地区各类图书出版数量（续表14）

		种数（种）		租型种数（种）	总印数（万册、张）			总印张（千印张）			定价总金额（万元）		
		合计	新版		合计	新版	租型	合计	新版	租型	合计	新版	租型
全国总计		3389	2078		1886	1005		194766	105906		100536	61912	
中	央	1990	1207		818	433		100349	50952		49048	30652	
地	方	1399	871		1068	572		94417	54954		51488	31260	
北	京	85	49		146	72		13497	8490		7176	5354	
天	津	36	20		29	23		1724	1357		943	785	
河	北	12	11		2	1		516	194		131	73	
山	西	11	5		6	3		517	202		206	82	
内 蒙 古		36	35		7	7		1474	1407		930	919	
辽	宁	26	24		16	15		697	647		541	527	
吉	林	47	43		16	13		1214	984		509	390	
黑 龙 江		36	28		9	8		722	637		391	366	
上	海	76	59		66	60		6871	5901		4864	4612	
江	苏	109	67		41	24		5195	3295		2713	1490	
浙	江	28	20		22	14		3630	2568		1905	1453	
安	徽	26	17		12	4		788	389		371	280	
福	建	19	15		11	8		752	577		447	383	
江	西	45	25		70	30		7330	2847		2451	1138	
山	东	56	38		30	25		3194	2729		1599	1431	
河	南	64	48		41	36		4203	3438		1601	1412	
湖	北	233	120		92	22		9956	3208		3615	1701	
湖	南	48	34		41	17		5392	3047		2256	1553	
广	东	45	32		17	12		1582	1232		967	743	
广	西	78	30		93	34		4419	1234		3469	1086	
海	南	10	7		4	1		700	245		165	78	
重	庆	28	8		26	4		4309	726		1423	272	
四	川	116	45		119	90		9086	6724		4101	3241	
贵	州	4	1		9			705	9		380	40	
云	南	36	28		34	32		1443	1297		823	760	
西	藏	3	2		1	1		53	40		18	15	
陕	西	69	44		100	10		3851	962		7262	871	
甘	肃	3	3		2	2		217	217		86	86	
青	海	4	3		2	1		117	87		57	31	
宁	夏	4	4					13	13		10	10	
新	疆	6	6		4	4		251	251		78	78	
兵	团												

P 天文学、地球科学

全国各地区各类图书出版数量（续表15）

				Q 生物科学								
		种数（种）		租型种数（种）	总印数（万册、张）			总印张（千印张）			定价总金额（万元）		
		合计	新版		合计	新版	租型	合计	新版	租型	合计	新版	租型
全国总计		3692	1756		2621	1207		298404	107710		121038	62346	
中　央		2097	804		1025	346		180346	47983		60838	26838	
地　方		1595	952		1596	861		118058	59727		60200	35508	
北　京		153	95		253	71		21833	4864		7720	3535	
天　津		55	29		41	25		2622	1260		982	538	
河　北		6	3		2	1		151	74		80	27	
山　西		16	16		9	9		925	925		722	722	
内蒙古		16	13		3	2		346	322		299	295	
辽　宁		53	40		89	83		3228	2687		2769	2579	
吉　林		97	61		44	21		4079	2100		1482	786	
黑龙江		98	57		38	36		1859	1758		1292	1244	
上　海		148	101		92	77		7312	5430		3411	2802	
江　苏		110	72		119	89		10161	6765		4164	3227	
浙　江		68	27		54	37		4227	2307		2353	1559	
安　徽		22	15		10	9		587	464		397	363	
福　建		19	11		8	6		797	572		407	312	
江　西		51	27		75	39		7034	3233		2309	1126	
山　东		36	28		18	14		1672	1434		1291	1155	
河　南		17	11		4	3		546	403		380	345	
湖　北		81	49		73	23		5978	2345		2180	1074	
湖　南		45	18		73	11		7537	1387		2736	829	
广　东		75	46		77	21		3362	1573		2282	1164	
广　西		61	24		120	77		8724	5904		4863	3404	
海　南		12	8		6	3		474	248		291	166	
重　庆		37	16		16	10		2454	1582		1587	1203	
四　川		140	62		189	127		12411	6936		5105	3596	
贵　州		14	5		46	25		2545	1411		1068	643	
云　南		39	32		16	13		1308	1148		1142	1067	
西　藏													
陕　西		86	48		104	13		4158	903		7808	680	
甘　肃		11	10		2	2		222	205		136	131	
青　海		8	7		1	1		286	267		301	295	
宁　夏		2	2		6	6		280	280		111	111	
新　疆		18	18		7	7		914	914		471	471	
兵　团		1	1					25	25		60	60	

全国各地区各类图书出版数量（续表16）

					R 医药、卫生							
		种数（种）		租型种数（种）	总印数（万册、张）			总印张（千印张）			定价总金额（万元）		
		合计	新版		合计	新版	租型	合计	新版	租型	合计	新版	租型
全国总计		22788	11955	1	10859	5014		1862511	783395	26	630125	322038	6
中　央		14249	6049		6842	2670		1376502	521566		428627	204606	
地　方		8539	5906	1	4017	2344		486009	261829	26	201498	117432	6
北　京		288	206		193	102		24663	13807		14265	9528	
天　津		1033	933		167	129		27268	21720		11063	8770	
河　北		34	22		7	2		962	362		415	190	
山　西		105	49		38	15		7099	2785		1820	902	
内蒙古		101	78		11	9		2488	1850		896	743	
辽　宁		356	213		89	50		18050	12001		11377	7524	
吉　林		1081	1008		142	104		24454	19130		9486	8169	
黑龙江		271	261		17	16		1970	1842		924	868	
上　海		1133	633		1188	1047		85341	60696		29331	22497	
江　苏		667	263		517	109		65697	16436		24629	6318	
浙　江		274	106		321	81		29765	10209		13147	4958	
安　徽		144	86		47	28		7083	3909		2104	1286	
福　建		132	95		94	47		13506	5602		4989	2917	
江　西		156	131		70	35		8702	4702		3374	2168	
山　东		216	153		78	43		13682	7406		5935	3917	
河　南		424	251		111	76		18653	12889		7909	5581	
湖　北		358	207		118	85		16213	11187		6133	4622	
湖　南		206	116		144	52		29750	7525		7551	3278	
广　东		387	247		156	81		18588	10737		7623	5039	
广　西		85	45	1	59	27		5778	2053	26	2658	1402	6
海　南		26	15		16	10		3069	2192		857	595	
重　庆		88	33		49	28		6734	3126		2165	1101	
四　川		245	171		152	76		26423	13190		11350	8226	
贵　州		35	28		6	6		520	430		197	154	
云　南		335	309		47	22		8874	3582		3054	1850	
西　藏		36	29		10	6		2713	1905		1185	1062	
陕　西		208	115		151	41		15879	8689		16310	3061	
甘　肃		37	31		6	4		844	708		324	298	
青　海		7	5		1	1		219	187		93	84	
宁　夏		16	15		2	1		297	275		84	80	
新　疆		55	52		11	10		726	697		251	245	
兵　团													

全国各地区各类图书出版数量（续表17）

| | \multicolumn{11}{c|}{S 农业科学} |
| | 种数（种） | | 租型种数（种） | 总印数（万册、张） | | | 总印张（千印张） | | | 定价总金额（万元） | | |
	合计	新版		合计	新版	租型	合计	新版	租型	合计	新版	租型
全国总计	5025	2884		1493	700		167343	79865		66953	40689	
中　央	3369	1730		891	400		112917	48813		43102	25163	
地　方	1656	1154		602	300		54426	31052		23851	15526	
北　京	57	43		35	15		3560	1697		1354	938	
天　津	19	11		2	1		267	135		113	60	
河　北	50	36		10	6		1273	806		447	353	
山　西	25	5		7	1		873	169		259	70	
内 蒙 古	44	38		5	4		649	504		223	200	
辽　宁	56	49		24	22		2056	1688		961	874	
吉　林	92	50		17	4		1473	420		370	166	
黑 龙 江	87	84		9	9		1045	1027		441	436	
上　海	57	41		20	17		2459	1564		1018	781	
江　苏	112	69		60	39		4338	2678		1835	1221	
浙　江	48	23		16	8		1917	1256		980	789	
安　徽	18	7		7	3		677	257		249	118	
福　建	53	26		22	10		2059	985		928	511	
江　西	35	26		50	23		4226	2242		1174	749	
山　东	51	34		18	8		1392	769		605	394	
河　南	119	82		53	15		4365	1866		1771	1053	
湖　北	71	46		21	11		2634	1317		1173	704	
湖　南	23	11		17	4		1329	411		432	155	
广　东	57	45		11	7		1311	934		834	699	
广　西	29	16		21	5		1450	521		787	305	
海　南	4	4		2	2		284	284		52	52	
重　庆	36	14		8	5		919	414		316	172	
四　川	109	67		33	13		3525	1535		1279	783	
贵　州	23	16		12	2		724	217		299	129	
云　南	124	94		26	17		3074	2496		1733	1591	
西　藏	14	14		2	2		59	59		34	34	
陕　西	87	68		44	10		2209	1484		2322	578	
甘　肃	38	35		10	8		1068	891		516	454	
青　海	16	10		3	2		388	287		274	250	
宁　夏	32	31		8	8		972	914		459	445	
新　疆	69	58		28	20		1846	1218		612	459	
兵　团	1	1					6	6		2	2	

全国各地区各类图书出版数量（续表18）

				T 工业技术							
	种数（种）		租型种数（种）	总印数（万册、张）			总印张（千印张）			定价总金额（万元）	
	合计	新版		合计	新版	租型	合计	新版	租型	合计	新版	租型
全国总计	52615	19940		16793	6700		2934723	1141034		908379	448936	
中　央	40377	13335		12895	4858		2358807	872308		703855	331479	
地　方	12238	6605		3898	1842		575916	268726		204524	117457	
北　京	408	320		200	107		29455	12814		11647	6804	
天　津	307	220		78	44		12385	6054		4559	2805	
河　北	39	29		17	8		1582	984		488	372	
山　西	20	14		5	1		836	264		301	136	
内 蒙 古	28	24		5	4		802	707		390	373	
辽　宁	705	351		187	93		29469	16100		11574	7728	
吉　林	590	549		110	60		11605	6932		3855	2938	
黑 龙 江	617	459		106	81		15954	11311		4941	4055	
上　海	1307	650		501	263		84072	38697		28045	17629	
江　苏	1590	706		529	221		74171	29910		26837	14223	
浙　江	367	173		114	79		17982	11912		7674	6014	
安　徽	228	113		50	26		8455	4396		3169	2219	
福　建	170	96		84	37		12507	5271		3975	2133	
江　西	102	69		41	26		5955	3900		2331	1818	
山　东	408	208		208	87		26828	11968		9198	5018	
河　南	539	315		124	67		16327	8906		6312	4035	
湖　北	1352	627		346	163		61400	29431		21722	13343	
湖　南	277	149		111	51		15235	7732		5064	2869	
广　东	433	183		235	95		38731	15366		12735	5297	
广　西	117	55		119	23		10315	3158		6498	2177	
海　南	53	43		20	13		3553	1660		1203	737	
重　庆	582	132		126	31		18515	4659		5633	1874	
四　川	828	463		253	117		32525	16031		10868	5703	
贵　州	25	23		14	11		973	804		389	335	
云　南	105	88		26	18		3797	2882		1790	1425	
西　藏	5	5		1	1		164	164		32	32	
陕　西	971	485		267	98		40275	15089		12460	4641	
甘　肃	26	17		8	5		841	418		296	185	
青　海	3	3		1	1		124	124		122	122	
宁　夏	27	27		3	3		628	628		295	295	
新　疆	9	9		8	8		455	455		122	122	
兵　团												

全国各地区各类图书出版数量（续表19）

	\multicolumn{11}{c	}{U 交通运输}
	种数（种）		租型种数（种）	总印数（万册、张）			总印张（千印张）			定价总金额（万元）	
	合计	新版		合计	新版	租型	合计	新版	租型	合计	新版	租型
全国总计	6299	2850		2266	835		312152	117902		109688	50806	
中　央	4540	1875		1654	585		238420	86550		80557	37426	
地　方	1759	975		612	250		73732	31352		29131	13380	
北　京	38	23		22	3		1804	348		1008	129	
天　津	52	26		14	10		840	388		404	276	
河　北	4	2		3	1		127	97		103	54	
山　西	3	3		2	2		976	976		263	263	
内蒙古												
辽　宁	238	105		64	33		10218	4545		3413	1790	
吉　林	48	39		6	2		822	357		263	116	
黑龙江	130	90		14	9		2012	1227		565	404	
上　海	238	146		81	47		13774	7475		3962	2596	
江　苏	132	62		43	22		5492	2666		2741	1127	
浙　江	14	4		48	5		2907	261		881	83	
安　徽	16	8		12	11		491	306		528	486	
福　建	5	4		3	3		234	225		539	535	
江　西	2	2					34	34		11	11	
山　东	70	47		14	7		1497	613		518	280	
河　南	26	23		5	4		496	469		152	143	
湖　北	86	61		13	10		1864	1198		768	575	
湖　南	44	26		20	12		2038	1035		818	555	
广　东	33	13		13	2		1965	272		868	360	
广　西	7	2		16	1		384	99		1002	49	
海　南	1	1					8	8		2	2	
重　庆	81	33		68	6		8227	794		2672	313	
四　川	414	199		101	48		14774	6795		4444	2393	
贵　州	1	1					57	57		61	61	
云　南	13	12		1	1		170	145		64	59	
西　藏												
陕　西	59	40		46	9		2328	798		3023	674	
甘　肃												
青　海												
宁　夏	1	1					7	7		2	2	
新　疆	3	2		3	3		185	156		56	43	
兵　团												

全国各地区各类图书出版数量（续表20）

		V 航空、航天									
		种数（种）		租型种数（种）	总印数（万册、张）			总印张（千印张）			定价总金额（万元）		
		合计	新版		合计	新版	租型	合计	新版	租型	合计	新版	租型
全国总计		740	434		243	130		28503	14239		14368	8929	
中	央	512	309		117	71		17411	9507		8177	5862	
地	方	228	125		126	59		11092	4732		6191	3067	
北	京	20	13		31	20		1923	1042		1290	954	
天	津	6	4		7	3		197	89		269	86	
河	北												
山	西												
内 蒙 古													
辽	宁	4	3		1	1		176	126		71	43	
吉	林	2	2		1	1		54	54		51	51	
黑 龙 江		14	12		2	2		355	341		217	215	
上	海	20	16		6	5		914	611		612	435	
江	苏	7	4		3	1		257	136		120	77	
浙	江	3	2		2	1		265	152		68	44	
安	徽	10	9		5	4		226	222		172	168	
福	建	1	1		1	1		91	91		35	35	
江	西	5	1		7			773	6		190	3	
山	东												
河	南												
湖	北	2	1					61	6		19	1	
湖	南	8	3		3	2		174	109		83	63	
广	东	8	8		3	3		59	59		114	114	
广	西	8	2		17	1		495	107		1028	129	
海	南	2	2					18	18		15	15	
重	庆												
四	川	43	11		18	3		2741	251		844	164	
贵	州												
云	南	3	2		2	1		107	87		56	44	
西	藏												
陕	西	62	29		18	9		2206	1225		936	427	
甘	肃												
青	海												
宁	夏												
新	疆												
兵	团												

全国各地区各类图书出版数量（续表21）

	\multicolumn{11}{c}{X 环境科学}
	\multicolumn{2}{c}{种数（种）}	租型种数（种）	\multicolumn{3}{c}{总印数（万册、张）}	\multicolumn{3}{c}{总印张（千印张）}	\multicolumn{3}{c}{定价总金额（万元）}
	合计	新版		合计	新版	租型	合计	新版	租型	合计	新版	租型
---	---	---	---	---	---	---	---	---	---	---	---	---
全国总计	2657	1610		1442	992		133766	81487		47998	32947	
中　央	1836	1032		684	446		90224	54423		31803	22707	
地　方	821	578		758	546		43542	27064		16195	10240	
北　京	50	24		38	5		4255	440		1188	210	
天　津	21	11		18	2		1745	213		583	118	
河　北	6	6		5	5		174	174		174	174	
山　西	7	5		1			114	14		53	10	
内蒙古	7	7		1	1		181	181		61	61	
辽　宁	46	34		43	36		3145	2646		1094	776	
吉　林	53	44		13	5		1205	471		469	240	
黑龙江	16	15		1	1		178	130		65	58	
上　海	62	43		58	29		4651	2457		1541	965	
江　苏	99	62		47	22		3011	1485		1237	646	
浙　江	39	20		180	172		3620	2883		1333	1098	
安　徽	14	6		6	3		538	258		170	94	
福　建	18	13		128	122		5321	5177		1452	1379	
江　西	15	13		39	34		1981	1515		626	484	
山　东	33	20		17	6		595	505		359	253	
河　南	40	39		10	10		1581	1333		689	589	
湖　北	61	45		8	6		1209	777		396	300	
湖　南	16	11		17	9		1131	287		737	389	
广　东	47	26		21	12		2314	1822		788	552	
广　西	21	16		23	8		889	490		602	161	
海　南	4	4		1	1		82	82		27	27	
重　庆	12	5		3	1		439	70		133	24	
四　川	49	36		24	10		1676	785		627	401	
贵　州	6	5		4	3		216	180		73	63	
云　南	22	22		7	7		376	376		229	229	
西　藏	2	2		1	1		79	79		26	26	
陕　西	37	26		40	31		2414	1812		1284	734	
甘　肃	7	7		1	1		94	94		52	52	
青　海	2	2					36	36		58	58	
宁　夏	2	2					35	35		11	11	
新　疆	7	7		3	3		256	256		57	57	
兵　团												

全国各地区各类图书出版数量（续表22）

	种数（种）合计	种数（种）新版	租型种数（种）	总印数（万册、张）合计	总印数（万册、张）新版	总印数（万册、张）租型	总印张（千印张）合计	总印张（千印张）新版	总印张（千印张）租型	定价总金额（万元）合计	定价总金额（万元）新版	定价总金额（万元）租型
全国总计	**3904**	**3170**		**3029**	**1161**		**268027**	**146776**		**158553**	**105597**	
中央	**1263**	**1025**		**1142**	**600**		**104878**	**58055**		**71230**	**47727**	
地方	**2641**	**2145**		**1887**	**561**		**163149**	**88721**		**87323**	**57870**	
北京	79	29		129	25		18325	2674		4467	1297	
天津	79	47		22	7		4298	1516		2580	1119	
河北	80	80		10	10		2718	2718		2359	2359	
山西	91	77		17	10		3912	2286		1837	1523	
内蒙古	21	17		3	2		883	705		409	341	
辽宁	63	52		18	9		2444	1455		936	655	
吉林	193	157		67	33		7396	3556		2803	1693	
黑龙江	87	63		12	11		2350	2218		930	889	
上海	205	146		131	79		17725	10240		8187	6069	
江苏	162	141		98	61		10197	8678		6968	5153	
浙江	102	61		40	20		4766	1887		1837	1013	
安徽	60	48		43	29		4416	3017		1738	1373	
福建	53	50		13	12		1861	1674		1391	1331	
江西	51	37		42	20		5226	2882		1980	1279	
山东	61	47		26	14		3027	2356		3797	3468	
河南	321	319		32	30		10078	9905		7749	7710	
湖北	66	59		51	19		3840	2543		1616	1047	
湖南	38	9		44	16		3893	774		1753	454	
广东	65	60		16	12		3283	2465		3280	1721	
广西	94	48		101	34		11094	5874		8830	4028	
海南	24	22		4	2		930	495		410	337	
重庆	19	17		3	2		749	700		637	624	
四川	142	115		60	27		8298	4358		4477	3096	
贵州	10	9		816	16		16902	912		6256	260	
云南	220	215		39	38		7463	7069		5304	5157	
西藏	15	14		9	2		831	388		329	276	
陕西	98	87		21	9		2541	2079		2174	1418	
甘肃	56	54		7	6		1616	1516		965	931	
青海	24	24		2	2		506	506		335	335	
宁夏	19	19		2	2		589	589		437	437	
新疆	34	13		8	2		828	520		380	304	
兵团	9	9		1	1		165	165		172	172	

全国各地区各类图书出版数量（续表23）

	(二) 不使用《中国标准书号》部分——图片合计									
	种数（种）		租型种数（种）	总印数（万册、张）			总印张（千印张）			定价总金额（万元）		
	合计	新版		合计	新版	租型	合计	新版	租型	合计	新版	租型
全国总计	446	205		380	281		10701	7423		9158	7567	
中　　央	181	61		286	215		3212	2432		3086	2590	
地　　方	265	144		94	66		7489	4991		6072	4977	
北　　京	8	7		18	18		450	450		1584	1584	
天　　津												
河　　北												
山　　西												
内　蒙　古												
辽　　宁	1	1					3	3		5	5	
吉　　林												
黑　龙　江												
上　　海	1	1					1	1		3	3	
江　　苏	101	29		31	13		2788	555		1073	312	
浙　　江	119	87		37	30		3929	3814		3128	2870	
安　　徽												
福　　建												
江　　西												
山　　东												
河　　南												
湖　　北												
湖　　南												
广　　东	1			1			3			3		
广　　西	1						45			13		
海　　南												
重　　庆												
四　　川												
贵　　州												
云　　南	4			1			12			7		
西　　藏												
陕　　西												
甘　　肃	25	15		4	3		184	94		202	149	
青　　海												
宁　　夏												
新　　疆	4	4		2	2		74	74		54	54	
兵　　团												

全国各地区各类图书

| | 不使用《中国标准书号》部分——附录合计 ||||||| 国标（GB）、部标（BB） |||
| | 总印数（万册、张） ||| 总印张（千印张） ||| 定价总金额（万元） ||| 总印数（万册、张） |||
	合计	新版	租型	合计	新版	租型	合计	新版	租型	合计	新版	租型
全国总计	4518	3826		541061	503357		94184	73267		1140	605	
中　　央	4464	3799		538197	501793		92761	72131		1132	600	
地　　方	54	27		2864	1564		1423	1136		8	5	
北　　京												
天　　津												
河　　北												
山　　西												
内 蒙 古												
辽　　宁												
吉　　林												
黑 龙 江												
上　　海				13	1		6	3				
江　　苏	27	9		1367	372		403	230		8	5	
浙　　江	16	14		949	834		900	832				
安　　徽												
福　　建				82	82		8	8				
江　　西												
山　　东												
河　　南												
湖　　北												
湖　　南												
广　　东	6			120			24					
广　　西												
海　　南												
重　　庆												
四　　川												
贵　　州												
云　　南	1	1		9	9		6	6				
西　　藏												
陕　　西	3	2		207	149		63	44				
甘　　肃	1	1		117	117		13	13				
青　　海												
宁　　夏												
新　　疆												
兵　　团												

出版数量（续表24）

等标准类文件印品						活页文选、活页歌篇、小件印品等								
总印张（千印张）			定价总金额（万元）			总印数（万册、张)			总印张（千印张）			定价总金额（万元）		
合计	新版	租型	合计	新版	租型	合计	新版	租型	合计	新版	租型	合计	新版	租型
60732	30236		41245	22711		3378	3221		480329	473121		52939	50556	
60451	30073		40978	22540		3332	3199		477746	471720		51783	49591	
281	163		267	171		46	22		2583	1401		1156	965	
									13	1		6	3	
281	163		267	171		19	4		1086	209		136	59	
						16	14		949	834		900	832	
									82	82		8	8	
						6			120			24		
						1	1		9	9		6	6	
						3	2		207	149		63	44	
						1	1		117	117		13	13	

全国各类少年儿童读物出版数量

	种数（种）合计	种数（种）新版	租型种数（种）	总印数(万册、张)合计	总印数(万册、张)新版	总印数(万册、张)租型	总印张（千印张）合计	总印张（千印张）新版	总印张（千印张）租型	定价总金额（万元）合计	定价总金额（万元）新版	定价总金额（万元）租型
图书总计	43712	20845	1	94555	37214	1	5704316	2113425	27	2470297	1066182	8
（一）使用《中国标准书号》部分合计	43701	20838	1	94535	37196	1	5703851	2112972	27	2468701	1064593	8
A 马克思主义、列宁主义、毛泽东思想	10	3		8	3		804	251		296	125	
B 哲学	418	164		496	213		43108	17025		16168	7969	
C 社会科学总论	60	25		64	24		4497	1779		2040	741	
D 政治、法律	159	70	1	594	496	1	27560	20066	27	8990	6674	8
E 军事	133	46		314	211		17902	7800		6152	3123	
F 经济	39	23		65	42		4448	2407		2416	1293	
G 文化、科学、教育、体育	9649	5241		21512	9540		818310	361593		604009	310238	
H 语言、文字	1728	540		4390	1316		187336	54015		81238	30455	
I 文学	22803	10808		47486	17439		3369020	1221720		1186002	476462	
J 艺术	3256	1394		7952	3429		478332	176301		182079	78883	
K 历史、地理	1581	713		2978	1340		254629	94611		100101	47708	
N 自然科学总论	208	96		505	107		52293	5955		27109	4046	
O 数理科学、化学	586	202		1964	669		84140	24904		40170	18461	
P 天文学、地球科学	521	242		900	378		49957	17306		34364	11569	
Q 生物科学	983	529		1561	769		106117	43303		56040	27542	
R 医药、卫生	195	94		345	86		19210	4137		21782	4456	
S 农业科学	127	42		209	66		12760	4409		5879	1882	
T 工业技术	249	135		427	156		30858	9532		19366	6536	
U 交通运输	122	64		153	61		6383	2324		8125	2671	
V 航空、航天	84	53		99	57		4905	2523		3929	2157	
X 环境科学	132	57		370	258		16763	9939		7561	4229	
Z 综合性图书	658	297		2143	536		114519	31072		54885	17373	
（二）不使用《中国标准书号》部分合计	11	7		20	18		465	453		1596	1589	
1. 图片	11	7		20	18		465	453		1596	1589	
2. 国标(GB)、部标(BB)等标准类文件印品												
3. 活页文选、活页歌篇、小件印品等												

全国各地区少年儿童读物出版数量

	种数（种） 合计	种数（种） 新版	租型种数（种）	总印数（万册、张） 合计	总印数（万册、张） 新版	总印数（万册、张） 租型	总印张（千印张） 合计	总印张（千印张） 新版	总印张（千印张） 租型	定价总金额（万元） 合计	定价总金额（万元） 新版	定价总金额（万元） 租型
全国总计	43712	20845	1	94555	37214	1	5704316	2113425	27	2470297	1066182	8
中　央	10146	5067		20321	9709		1281242	503514		576277	277104	
地　方	33566	15778	1	74234	27505	1	4423074	1609911	27	1894020	789078	8
北　京	2514	916		5304	1668		429509	99184		144929	58251	
天　津	1078	397		2454	763		128101	30803		60491	22539	
河　北	916	422		1793	449		83884	25220		55497	14555	
山　西	150	74		109	48		9813	4125		4026	1902	
内蒙古	310	146		131	76		7355	5403		2502	1801	
辽　宁	1021	557		2429	886		164426	47717		51830	23222	
吉　林	2561	1234		3390	971		168410	67963		63855	28663	
黑龙江	1148	828		678	608		30110	26732		18154	16763	
上　海	1472	753		6801	2954		265765	92242		238992	111341	
江　苏	2270	1218		3531	1601		217325	85401		90162	41178	
浙　江	2981	1161		6040	1929		430930	118607		141963	47649	
安　徽	1532	661		3271	1293		191386	65187		69049	27749	
福　建	517	280		792	536		55293	33638		18159	12033	
江　西	2130	1087		5396	1865		303236	116237		116293	45101	
山　东	2266	986		4852	1754		302845	120505		122370	51794	
河　南	603	228		857	250		32595	14168		15168	7089	
湖　北	947	467		2384	656		193783	56114		53445	18712	
湖　南	1287	640		4578	2851		416168	304173		122034	82277	
广　东	730	422		1578	937		77926	48045		42416	26298	
广　西	1584	591	1	2426	890	1	135563	52391	27	78067	32090	8
海　南	148	79		112	37		5814	2917		3183	1266	
重　庆	244	126		273	139		13335	8137		5492	3468	
四　川	2692	1308		7300	2314		406842	85805		164838	53931	
贵　州	372	104		3722	241		127767	9537		63937	6178	
云　南	791	520		1824	857		126660	45358		41813	18445	
西　藏	77	26		33	14		1551	628		719	470	
陕　西	676	260		1535	531		60675	24601		82784	18563	
甘　肃	341	138		367	175		24241	9421		14114	9278	
青　海	10	10		6	6		471	471		168	168	
宁　夏	40	29		128	102		4954	3890		4939	4064	
新　疆	158	110		140	104		6341	5291		2631	2240	
兵　团												

全国课本出版数量

	种数（种）合计	种数（种）新版	租型种数（种）	总印数（万册、张）合计	总印数（万册、张）租型	总印张（千印张）合计	总印张（千印张）租型	定价总金额（万元）合计	定价总金额（万元）租型
课本合计	87173	19890	8615	375190	175239	29404923	12683678	4173652	1321198
（1）大专及以上课本	63501	15787		30983		5619754		1305472	
（2）中专、技校课本	7010	1399		6920		910526		186608	
（3）中学课本	5417	688	4902	171472	94516	13292806	7713804	1407478	783501
（4）小学课本	4946	663	3526	160901	80669	8739187	4962878	1055094	535583
（5）业余教育课本	2074	630		1890		363639		95073	
（6）扫盲课本	7	1		1		65		18	
（7）教学用书	4218	722	187	3023	54	478946	6996	123909	2114

全国课本出版数量与上年相比增减百分比

	种数 合计	种数 新版	租型种数	总印数 合计	总印数 租型	总印张 合计	总印张 租型	定价总金额 合计	定价总金额 租型
课本合计	5.20	-5.58	0.71	7.78	12.36	7.09	11.64	7.88	11.95
（1）大专及以上课本	5.92	-6.48	-100.00	-0.10		0.43	-100.00	5.01	-100.00
（2）中专、技校课本	14.84	0.87	-100.00	22.54	-100.00	21.28	-100.00	23.89	-100.00
（3）中学课本	-5.21	6.17	1.20	8.26	9.79	9.39	8.89	9.78	9.95
（4）小学课本	-2.21	-3.49	1.32	8.48	15.60	6.82	16.35	6.97	15.30
（5）业余教育课本	-8.92	-24.46		-9.09		-14.99		-15.45	
（6）扫盲课本	600.00					306.25		157.14	
（7）教学用书	12.27	14.60	-16.52	13.82	-38.64	36.18	-31.47	31.67	-29.53

课本出版数量

中央出版社

	种数（种）		租型种数（种）	总印数（万册、张）		总印张（千印张）		定价总金额（万元）	
	合计	新版		合计	租型	合计	租型	合计	租型
课本合计	51482	10043	21	96559	163	9851159	11618	1742247	1148
（1）大专及以上课本	40465	8088		22250		4217768		956320	
（2）中专、技校课本	5541	916		5824		783704		158751	
（3）中学课本	1729	228	21	38771	163	2937402	11618	313357	1148
（4）小学课本	1058	144		26297		1313781		160984	
（5）业余教育课本	1450	456		1463		285993		73564	
（6）扫盲课本									
（7）教学用书	1239	211		1954		312511		79271	

课本出版数量与上年相比增减百分比

中央出版社

	种数		租型种数	总印数		总印张		定价总金额	
	合计	新版		合计	租型	合计	租型	合计	租型
课本合计	6.89	－8.10	250.00	6.81	10.88	4.34	13.76	5.63	14.23
（1）大专及以上课本	7.05	－7.33		－1.83		－1.11		3.29	
（2）中专、技校课本	10.49	－14.63		14.60		14.27		15.87	
（3）中学课本	8.20	27.37	425.00	6.87	10.88	11.43	14.23	11.28	15.03
（4）小学课本	5.59	－5.26		14.10		3.61		4.18	
（5）业余教育课本	－9.03	－20.42		－9.30		－15.15		－15.52	
（6）扫盲课本									
（7）教学用书	7.46	－5.38	－100.00	13.60		25.00	－100.00	25.22	－100.00

课本出版数量（续表）

地方出版社

	种数（种）合计	种数（种）新版	租型种数（种）	总印数（万册、张）合计	总印数（万册、张）租型	总印张（千印张）合计	总印张（千印张）租型	定价总金额（万元）合计	定价总金额（万元）租型
课本合计	35691	9847	8594	278631	175076	19553764	12672060	2431405	1320050
（1）大专及以上课本	23036	7699		8733		1401986		349152	
（2）中专、技校课本	1469	483		1096		126822		27857	
（3）中学课本	3688	460	4881	132701	94353	10355404	7702186	1094121	782353
（4）小学课本	3888	519	3526	134604	80669	7425406	4962878	894110	535583
（5）业余教育课本	624	174		427		77646		21509	
（6）扫盲课本	7	1		1		65		18	
（7）教学用书	2979	511	187	1069	54	166435	6996	44638	2114

课本出版数量与上年相比增减百分比（续表）

地方出版社

	种数 合计	种数 新版	租型种数	总印数 合计	总印数 租型	总印张 合计	总印张 租型	定价总金额 合计	定价总金额 租型
课本合计	2.86	-2.87	0.54	8.12	12.36	8.53	11.64	9.55	11.94
（1）大专及以上课本	4.00	-5.56	-100.00	4.59		5.37	-100.00	10.05	-100.00
（2）中专、技校课本	34.89	53.82	-100.00	93.98	-100.00	95.37	-100.00	104.62	-100.00
（3）中学课本	-10.42	-1.92	0.85	8.67	9.79	8.82	8.88	9.35	9.94
（4）小学课本	-4.14	-2.99	1.32	7.44	15.60	7.41	16.35	7.49	15.30
（5）业余教育课本	-8.64	-33.33		-8.37		-14.42		-15.24	
（6）扫盲课本	600.00					306.25		157.14	
（7）教学用书	14.40	25.55	-15.77	14.21	-38.64	63.67	-31.18	44.92	-29.37

全国各地区课本出版总量

	课本合计 种数（种）合计	种数（种）新版	租型种数（种）	总印数（万册、张）合计	总印数（万册、张）租型	总印张（千印张）合计	总印张（千印张）租型	定价总金额（万元）合计	定价总金额（万元）租型
全国总计	87173	19890	8615	375190	175239	29404923	12683678	4173652	1321198
中　央	51482	10043	21	96559	163	9851159	11618	1742247	1148
地　方	35691	9847	8594	278631	175076	19553764	12672060	2431405	1320050
北　京	723	255	106	1622	980	145282	74772	19492	7268
天　津	385	94	201	1570	1229	120346	90980	14735	9261
河　北	277	33	193	15164	9322	1027106	710722	111495	71570
山　西	154	7	242	5166	3849	349835	289246	39415	27456
内蒙古	896	109	273	4097	2826	297711	209770	29659	21262
辽　宁	2671	642	294	5925	3314	481579	262866	71586	27259
吉　林	683	225	318	4911	3448	324459	251930	35394	26274
黑龙江	1018	597	305	3454	2739	251547	207341	32305	21482
上　海	7182	1809	32	15135	493	1357839	36947	248836	5733
江　苏	3786	1062	252	25390	9081	1714690	628990	225168	67045
浙　江	1464	265	258	14290	8572	908587	577658	118189	63975
安　徽	800	218	597	10916	9330	791319	694007	101330	79870
福　建	459	126	199	6009	4054	408508	294582	50649	30378
江　西	413	127	220	9050	7410	711163	587034	78243	56815
山　东	1476	341	380	21529	12577	1396509	824495	165176	90820
河　南	1150	389	262	19643	14465	1326297	1085054	145081	102484
湖　北	2050	675	356	8423	7074	667889	532834	88110	59520
湖　南	893	215	328	16602	10877	1026983	716763	137043	81845
广　东	1674	314	134	21741	9999	1455292	740667	179337	73792
广　西	477	74	275	11563	8135	793105	604357	81722	58914
海　南	37	16	282	1907	1802	120075	113970	13713	12542
重　庆	2001	370	308	7004	3803	481092	268316	70268	30671
四　川	2258	933	464	11300	9544	844655	689145	97876	71358
贵　州	109	8	265	6696	6071	478820	454870	46361	43029
云　南	241	84	245	8714	6567	585281	495555	57934	46002
西　藏	116	13	277	1327	1080	93361	74742	11564	9452
陕　西	1944	767	518	7333	5301	550282	378062	67364	38210
甘　肃	63	14	232	3252	3211	231122	227944	23471	23227
青　海	136	2	229	948	795	73219	59300	7266	6335
宁　夏	13	10	190	946	925	70918	69559	8706	8549
新　疆	142	53	359	7004	6203	468893	419582	53917	47652
兵　团									

全国各地区各类课本出版数量

	大专及以上课本							
	种数（种）		租型种数（种）	总印数（万册、张）		总印张（千印张）		定价总金额（万元）	
	合计	新版		合计	租型	合计	租型	合计	租型
全国总计	63501	15787		30983		5619754		1305472	
中　央	40465	8088		22250		4217768		956320	
地　方	23036	7699		8733		1401986		349152	
北　京	346	188		88		14106		3525	
天　津	351	90		98		17144		4028	
河　北	11	3		5		889		175	
山　西									
内蒙古	92	40		18		3500		494	
辽　宁	2212	556		730		117526		29536	
吉　林	209	136		43		6127		1736	
黑龙江	928	580		129		21531		5372	
上　海	4627	1272		3606		578330		141549	
江　苏	2828	933		892		137623		36720	
浙　江	873	184		223		36069		9219	
安　徽	547	192		174		27448		6675	
福　建	316	104		104		20805		4426	
江　西	231	77		112		17729		4034	
山　东	412	150		124		19430		4468	
河　南	781	305		193		31334		7612	
湖　北	1881	636		484		82812		20476	
湖　南	561	151		203		30310		8189	
广　东	795	177		188		32408		7686	
广　西	125	36		116		17947		3764	
海　南									
重　庆	1251	288		346		52774		15074	
四　川	1834	824		401		61152		16239	
贵　州	21	8		8		1461		266	
云　南	46	15		12		1827		461	
西　藏									
陕　西	1712	739		429		70534		17208	
甘　肃	42	14		6		997		193	
青　海									
宁　夏	4	1		1		173		27	
新　疆									
兵　团									

全国各地区各类课本出版数量（续表1）

	中专、技校课本								
	种数（种）		租型种数（种）	总印数（万册、张）		总印张（千印张）		定价总金额（万元）	
	合计	新版		合计	租型	合计	租型	合计	租型
全国总计	7010	1399		6920		910526		186608	
中　央	5541	916		5824		783704		158751	
地　方	1469	483		1096		126822		27857	
北　京	2	2		1		106		23	
天　津									
河　北									
山　西									
内 蒙 古	10	9		3		380		89	
辽　宁	25	7		8		963		227	
吉　林	93	47		138		9341		722	
黑 龙 江									
上　海	315	93		202		26679		6139	
江　苏	184	11		334		39009		8416	
浙　江	45	7		68		7750		1624	
安　徽	25	17		4		449		125	
福　建	2	1		5		347		82	
江　西	16	8		20		2378		573	
山　东	95	41		53		6352		1710	
河　南	29	17		8		923		248	
湖　北	19	6		4		693		152	
湖　南	83	40		58		6269		1646	
广　东	86	19		67		9225		1770	
广　西	35	14		23		2615		636	
海　南									
重　庆	308	68		82		10800		2936	
四　川	82	73		16		2137		643	
贵　州									
云　南	3					33		15	
西　藏									
陕　西	5	3		1		173		42	
甘　肃	7			1		200		39	
青　海									
宁　夏									
新　疆									
兵　团									

全国各地区各类课本出版数量（续表2）

	种数（种）合计	种数（种）新版	租型种数（种）	总印数（万册、张）合计	总印数（万册、张）租型	总印张（千印张）合计	总印张（千印张）租型	定价总金额（万元）合计	定价总金额（万元）租型
全国总计	5417	688	4902	171472	94516	13292806	7713804	1407478	783501
中　央	1729	228	21	38771	163	2937402	11618	313357	1148
地　方	3688	460	4881	132701	94353	10355404	7702186	1094121	782353
北　京	50	14	54	546	455	45328	38665	4509	3722
天　津	10	3	106	725	637	59388	53424	5811	5273
河　北	50	7	101	6432	4960	538633	423950	54412	41770
山　西	60	3	146	2853	2259	220205	190025	22482	17191
内蒙古	368	28	180	2171	1547	184055	133307	17232	12813
辽　宁	72	5	168	2647	2140	215375	188280	22373	18787
吉　林	192	23	178	2568	2154	199697	179274	20446	18079
黑龙江	29	7	157	1873	1619	147079	134560	16518	13580
上　海	666	116	15	6121	171	454606	13594	51826	2015
江　苏	206	21	125	12277	5348	892962	399437	86218	40239
浙　江	165	25	135	6029	3677	466771	298618	51992	31345
安　徽	100	3	349	5629	5263	467175	446948	56233	50697
福　建	25	3	93	2149	1887	171270	156991	17571	15570
江　西	66	14	153	4911	4321	430335	382606	43834	36195
山　东	266	26	242	10784	7112	768335	489533	85917	54625
河　南	98	16	164	9666	8057	761634	679778	72993	61958
湖　北	39	3	181	4029	3790	346919	332136	39661	37157
湖　南	70	12	203	8262	6256	580837	453837	69488	51819
广　东	354	53	57	9378	4348	749652	365539	84746	36268
广　西	143	9	148	5603	4094	429929	349282	40690	32336
海　南	10		152	919	837	65802	62240	7187	6639
重　庆	138	4	180	3042	2349	214449	180901	27196	21571
四　川	128	8	249	6278	5404	500660	442569	50973	44953
贵　州	35		167	3443	3243	285604	276061	26189	25052
云　南	53	8	124	4134	3389	338237	297330	31223	26372
西　藏	19	4	160	626	566	52727	45724	6273	5600
陕　西	95	11	290	3076	2594	259017	223163	25531	21154
甘　肃	5		144	1896	1884	144890	144052	14746	14743
青　海	77		132	487	420	44404	36048	4519	3975
宁　夏	3	3	121	519	512	43715	43158	5334	5275
新　疆	96	31	207	3628	3060	275714	241156	29998	25580
兵　团									

全国各地区各类课本出版数量（续表3）

		小学课本							
		种数（种）		租型种数（种）	总印数（万册、张）		总印张（千印张）		定价总金额（万元）	
		合计	新版		合计	租型	合计	租型	合计	租型
全国总计		4946	663	3526	160901	80669	8739187	4962878	1055094	535583
中　　央		1058	144		26297		1313781		160984	
地　　方		3888	519	3526	134604	80669	7425406	4962878	894110	535583
北　　京		96	20	52	881	525	55699	36107	5943	3546
天　　津		13		95	744	591	43572	37556	4783	3988
河　　北		118	9	92	8686	4363	482336	286772	55440	29800
山　　西		87		96	2313	1589	129552	99222	16923	10265
内　蒙　古		283	23	93	1892	1279	107532	76464	11527	8450
辽　　宁		137	12	117	2486	1173	138802	74450	17090	8429
吉　　林		170	14	140	2159	1294	108883	72656	12422	8195
黑　龙　江		41	6	123	1447	1118	82577	72571	10372	7876
上　　海		437	91	17	4767	321	207623	23354	30080	3718
江　　苏		184	19	72	11601	3691	607646	223957	81599	25141
浙　　江		234	27	117	7898	4895	389910	279039	53233	32630
安　　徽		116	6	208	5102	4065	295275	246815	37892	28937
福　　建		64	6	106	3723	2167	209944	137591	23831	14807
江　　西		81	21	67	3992	3089	258578	204428	29234	20620
山　　东		339	49	138	10473	5466	589008	334961	69407	36195
河　　南		142	22	98	9741	6409	528078	405275	62273	40526
湖　　北		90	18	150	3895	3279	236188	200209	27486	22254
湖　　南		69	7	125	8005	4622	400270	262925	53873	30026
广　　东		256	41	66	12036	5651	657021	375089	82966	37515
广　　西		137	11	123	5811	4040	341780	255047	36441	26573
海　　南		1		130	979	965	52447	51730	5977	5903
重　　庆		239	3	128	3457	1454	194355	87415	21712	9100
四　　川		117	9	215	4591	4140	278988	246575	29529	26405
贵　　州		53		98	3245	2828	191756	178810	19906	17977
云　　南		122	60	121	4565	3178	245048	198225	26210	19631
西　　藏		56	6	105	688	512	39136	28765	5160	3830
陕　　西		112	10	228	3818	2707	219502	154899	24313	17055
甘　　肃		6		88	1348	1328	84999	83892	8484	8484
青　　海		36	1	97	459	375	28691	23252	2741	2360
宁　　夏		6	6	69	426	412	27031	26400	3345	3274
新　　疆		46	22	152	3376	3143	193179	178427	23918	22073
兵　　团										

全国各地区各类课本出版数量（续表4）

		业余教育课本								
		种数（种）		租型种数（种）	总印数（万册、张）		总印张（千印张）		定价总金额（万元）	
		合计	新版		合计	租型	合计	租型	合计	租型
全国总计		**2074**	**630**		**1890**		**363639**		**95073**	
中	央	**1450**	**456**		**1463**		**285993**		**73564**	
地	方	**624**	**174**		**427**		**77646**		**21509**	
北	京	93	9		83		26379		4552	
天	津	2	1				62		16	
河	北									
山	西									
内 蒙 古		5	2		9		1710		293	
辽	宁	122	20		43		7699		2001	
吉	林									
黑 龙 江										
上	海	76	11		41		6110		1743	
江	苏	98	32		62		8851		2586	
浙	江	9	4		34		3370		350	
安	徽	8			5		665		160	
福	建	18	11		18		5277		4398	
江	西	5	3		3		556		123	
山	东	53	25		19		3503		967	
河	南	58	21		31		3738		1212	
湖	北	10	10		5		763		220	
湖	南	7			3		423		111	
广	东	20	7		6		1000		286	
广	西	3	2		2		213		67	
海	南									
重	庆	3			54		6202		2055	
四	川	32	15		9		1097		356	
贵	州									
云	南									
西	藏									
陕	西	2	1				28		13	
甘	肃									
青	海									
宁	夏									
新	疆									
兵	团									

全国各地区各类课本出版数量（续表5）

	扫盲课本								
	种数（种）		租型种数（种）	总印数（万册、张）		总印张（千印张）		定价总金额（万元）	
	合计	新版		合计	租型	合计	租型	合计	租型
全国总计	7	1		1		65		18	
中　　央									
地　　方	7	1		1		65		18	
北　　京									
天　　津									
河　　北									
山　　西									
内 蒙 古									
辽　　宁									
吉　　林									
黑 龙 江									
上　　海									
江　　苏									
浙　　江									
安　　徽									
福　　建	3					16		2	
江　　西									
山　　东									
河　　南									
湖　　北									
湖　　南									
广　　东									
广　　西									
海　　南									
重　　庆									
四　　川									
贵　　州									
云　　南	1	1				13		8	
西　　藏									
陕　　西									
甘　　肃	3			1		36		8	
青　　海									
宁　　夏									
新　　疆									
兵　　团									

全国各地区各类课本出版数量（续表6）

	种数（种）合计	种数（种）新版	租型种数（种）	总印数（万册、张）合计	总印数（万册、张）租型	总印张（千印张）合计	总印张（千印张）租型	定价总金额（万元）合计	定价总金额（万元）租型
全国总计	4218	722	187	3023	54	478946	6996	123909	2114
中　央	1239	211		1954		312511		79271	
地　方	2979	511	187	1069	54	166435	6996	44638	2114
北　京	136	22		23		3665		940	
天　津	9			3		180		96	
河　北	98	14		41		5248		1468	
山　西	7	4		1		78		10	
内蒙古	138	7		4		534		25	
辽　宁	103	42	9	11	1	1214	136	359	43
吉　林	19	5		4		412		69	
黑龙江	20	4	25	4	1	360	211	43	26
上　海	1061	226		398		84489		17499	
江　苏	286	46	55	223	42	28598	5596	9628	1665
浙　江	138	18	6	39		4718	1	1771	1
安　徽	4		40	3	2	307	245	245	235
福　建	31	1		10		849		338	
江　西	14	4		12		1587		445	
山　东	311	50		75		9880		2706	
河　南	42	8		4		591		744	
湖　北	11	2	25	6	5	515	489	115	109
湖　南	103	5		71		8873		3736	
广　东	163	17	11	64		5985	38	1883	9
广　西	34	2	4	9	1	621	28	124	5
海　南	26	16		9		1826		550	
重　庆	62	7		24		2512		1295	
四　川	65	4		6		619		137	
贵　州									
云　南	16			2		123		16	
西　藏	41	3	12	13	2	1498	252	132	21
陕　西	18	3		8		1029		258	
甘　肃									
青　海	23	1		2		124		6	
宁　夏									
新　疆									
兵　团									

在地方图书出版数量中各省（自治区、直辖市）所占百分比

地方	种数 合计	种数 新版	租型种数	总印数 合计	总印数 新版	总印数 租型	总印张 合计	总印张 新版	总印张 租型	定价总金额 合计	定价总金额 新版	定价总金额 租型
	100.00	100.00	100.00	100.00	100.00	100.00	100.00	100.00	100.00	100.00	100.00	100.00
北京	4.10	4.38	0.96	2.92	4.11	0.52	3.42	4.91	0.54	4.84	5.83	0.50
天津	2.59	3.11	1.82	1.49	2.20	0.65	1.63	2.15	0.66	2.60	2.93	0.63
河北	3.31	2.57	4.11	4.32	3.53	5.49	4.22	3.63	5.90	3.77	3.33	5.69
山西	1.12	1.45	2.19	1.45	2.10	2.02	1.80	3.36	2.10	1.32	1.99	1.88
内蒙古	1.21	1.21	3.08	0.84	0.63	1.69	0.84	0.66	1.91	0.57	0.53	1.87
辽宁	3.45	3.48	2.71	2.19	2.55	1.74	2.36	2.79	1.91	2.35	2.59	1.87
吉林	8.35	9.77	5.41	3.55	4.33	2.28	3.87	4.55	2.56	4.39	4.31	2.56
黑龙江	2.69	3.66	2.76	1.10	1.22	1.44	1.09	0.99	1.51	1.17	1.20	1.47
上海	10.25	10.37	0.30	6.91	11.75	0.26	8.40	11.71	0.28	11.48	13.87	0.41
江苏	9.80	7.74	3.58	9.74	9.43	5.09	9.20	8.88	5.01	8.92	7.82	5.02
浙江	5.34	5.28	3.49	5.83	7.07	4.68	5.45	6.60	4.38	6.12	7.45	4.66
安徽	3.34	2.79	5.50	3.73	2.65	4.92	3.67	2.24	5.07	3.29	2.35	5.52
福建	1.45	1.65	1.88	1.87	2.11	2.21	1.80	1.99	2.16	1.55	1.73	2.10
江西	2.77	3.57	1.99	3.24	5.05	3.90	2.89	4.05	4.27	2.88	3.55	3.89
山东	5.43	3.79	6.32	7.18	4.48	8.35	5.90	3.52	7.05	5.13	3.73	7.50
河南	2.97	3.24	2.39	4.86	3.55	7.64	4.56	3.00	7.90	3.12	2.69	7.04
湖北	4.33	4.33	3.65	4.11	4.83	3.79	3.82	4.04	3.95	4.32	4.50	4.26
湖南	3.45	2.92	4.04	6.33	6.08	6.11	6.71	6.50	5.64	5.99	5.78	6.11
广东	3.67	3.71	1.22	5.12	3.59	5.27	5.06	3.70	5.41	4.27	3.95	5.10
广西	2.02	1.73	4.99	4.13	2.36	5.27	3.87	2.39	5.49	2.90	2.05	5.27
海南	1.31	1.20	2.52	0.87	0.79	0.95	0.85	0.94	0.83	0.82	0.86	0.86
重庆	1.70	1.13	2.79	1.79	0.92	2.00	1.59	1.13	1.95	1.48	1.18	2.10
四川	4.61	5.41	4.28	4.75	4.09	5.03	4.64	3.75	5.02	4.65	4.69	4.91
贵州	0.41	0.52	5.21	1.77	0.49	4.32	1.42	0.50	4.42	1.24	0.56	4.72
云南	2.33	2.88	2.74	2.37	3.32	3.58	2.54	3.66	3.85	2.03	2.62	3.39
西藏	0.26	0.30	2.67	0.23	0.11	0.61	0.21	0.13	0.58	0.15	0.13	0.69
陕西	3.85	3.63	5.22	2.61	2.00	2.97	2.88	2.39	2.93	3.33	2.65	2.92
甘肃	1.34	1.38	2.28	1.24	1.06	1.78	1.04	1.00	1.69	1.05	1.17	1.62
青海	0.21	0.21	2.07	0.15	0.05	0.42	0.16	0.07	0.43	0.10	0.09	0.43
宁夏	1.07	0.81	1.72	1.09	1.12	0.49	1.61	1.44	0.51	2.08	1.44	0.59
新疆	1.22	1.67	6.11	2.21	2.37	4.54	2.48	3.30	4.07	2.08	2.40	4.41
兵团	0.07	0.11		0.01	0.04		0.01	0.03		0.02	0.04	

全国图书出版

	图书总计					使用《中国标			
					书　籍				
	种数（种）		印数（万册、张）	印张（千印张）	总定价（万元）	种数（种）		印数（万册、张）	印张（千印张）	总定价（万元）
	合计	新版				合计	新版			
全国总计	505979	224762	1059756	93803742	21789626	418360	204667	679668	63847057	17512632
中　央	204644	89650	289287	32108122	8044994	152981	79546	187978	21715554	6206900
地　方	301335	135112	770469	61695620	13744632	265379	125121	491690	42131503	11305732
北　京	12350	5923	22475	2112493	664586	11619	5661	20835	1966761	643510
天　津	7819	4198	11500	1006375	357653	7434	4104	9930	886029	342918
河　北	9980	3477	33300	2604125	518606	9703	3444	18136	1577019	407111
山　西	3380	1957	11185	1112872	181971	3226	1950	6019	763037	142556
内蒙古	3641	1630	6481	520850	78495	2745	1521	2384	223139	48836
辽　宁	10384	4708	16841	1454861	322438	7712	4065	10916	973279	250847
吉　林	25170	13204	27335	2387929	603179	24487	12979	22424	2063470	567785
黑龙江	8110	4943	8453	673102	161018	7092	4346	4999	421555	128713
上　海	30876	14017	53253	5179680	1577684	23693	12207	38118	3821827	1328839
江　苏	29534	10459	75030	5673135	1225687	25647	9368	49582	3954290	999043
浙　江	16083	7131	44900	3361385	841379	14500	6779	30557	2447920	719162
安　徽	10066	3767	28760	2265314	451553	9266	3549	17844	1473995	350223
福　建	4380	2227	14386	1112814	213286	3921	2101	8377	704224	162629
江　西	8337	4820	24955	1783832	395412	7924	4693	15905	1072669	317169
山　东	16348	5123	55322	3641307	704698	14872	4782	33793	2244798	539522
河　南	8950	4384	37473	2811022	429072	7800	3995	17830	1484725	283991
湖　北	13052	5847	31700	2359553	593402	11002	5172	23277	1691664	505292
湖　南	10397	3942	48747	4137525	823926	9504	3727	32145	3110542	686883
广　东	11062	5007	39467	3122799	586657	9387	4693	17719	1667384	407293
广　西	6096	2340	31796	2385358	397992	5618	2266	20233	1592208	316257
海　南	3942	1626	6715	523172	113250	3905	1610	4808	403097	99537
重　庆	5127	1522	13804	983755	203073	3126	1152	6800	502663	132805
四　川	13885	7305	36565	2863942	638699	11627	6372	25265	2019287	540823
贵　州	1222	696	13663	874800	169814	1113	688	6967	395980	123453
云　南	7015	3895	18224	1564757	279155	6770	3811	9508	979455	221208
西　藏	773	409	1782	131635	21113	657	396	455	38274	9549
陕　西	11615	4910	20140	1775466	457944	9671	4143	12804	1224977	390517
甘　肃	4026	1863	9540	641270	144586	3938	1834	6283	409847	120900
青　海	621	280	1153	99299	14075	485	278	205	26080	6809
宁　夏	3220	1101	8432	995052	286393	3207	1091	7486	924134	277687
新　疆	3666	2251	17017	1531112	285687	3520	2194	10011	1062145	231716
兵　团	208	150	75	5029	2149	208	150	75	5029	2149

数量（书籍、课本、图片）

准书号》部分		课本			不使用《中国标准书号》部分——图片合计					附：活页文选影印书等用纸		
种数（种）		印数（万册、张）	印张（千印张）	总定价（万元）	种数（种）		印数（万册、张）	印张（千印张）	总定价（万元）	印数（万册、张）	印张（千印张）	总定价（万元）
合计	新版				合计	新版						
87173	19890	375190	29404923	4173652	446	205	380	10701	9158	4518	541061	94184
51482	10043	96559	9851159	1742247	181	61	286	3212	3086	4464	538197	92761
35691	9847	278631	19553764	2431405	265	144	94	7489	6072	54	2864	1423
723	255	1622	145282	19492	8	7	18	450	1584			
385	94	1570	120346	14735								
277	33	15164	1027106	111495								
154	7	5166	349835	39415								
896	109	4097	297711	29659								
2671	642	5925	481579	71586	1	1		3	5			
683	225	4911	324459	35394								
1018	597	3454	251547	32305								
7182	1809	15135	1357839	248836	1	1		1	3		13	6
3786	1062	25390	1714690	225168	101	29	31	2788	1073	27	1367	403
1464	265	14290	908587	118189	119	87	37	3929	3128	16	949	900
800	218	10916	791319	101330								
459	126	6009	408508	50649							82	8
413	127	9050	711163	78243								
1476	341	21529	1396509	165176								
1150	389	19643	1326297	145081								
2050	675	8423	667889	88110								
893	215	16602	1026983	137043								
1674	314	21741	1455292	179337	1		1	3	3	6	120	24
477	74	11563	793105	81722	1			45	13			
37	16	1907	120075	13713								
2001	370	7004	481092	70268								
2258	933	11300	844655	97876								
109	8	6696	478820	46361								
241	84	8714	585281	57934	4		1	12	7	1	9	6
116	13	1327	93361	11564								
1944	767	7333	550282	67364						3	207	63
63	14	3252	231122	23471	25	15	4	184	202	1	117	13
136	2	948	73219	7266								
13	10	946	70918	8706								
142	53	7004	468893	53917	4	4	2	74	54			

使用《中国标准书号》各类图书的
平均印数、平均印张、平均定价和平均印张定价

全 国

	平均印数（万册/种）			平均印张（印张/册）			平均定价（元/册）			平均印张定价（元/印张）		
	新版	重印	租型	新版	重印	租型	新版	重印	租型	新版	重印	租型
使用《标准书号》部分合计	**1.09**	**2.20**	**17.19**	**10.33**	**8.74**	**7.23**	**33.92**	**19.22**	**7.67**	**3.28**	**2.20**	**1.06**
A 马列主义、毛泽东思想	0.39	4.10	10.01	15.23	17.83	1.00	52.99	29.09	4.00	3.48	1.63	4.00
B 哲学	0.78	1.16		12.12	13.27		52.65	40.93		4.34	3.08	
C 社会科学总论	0.59	0.68		13.17	15.53		52.76	44.31		4.01	2.85	
D 政治、法律	2.23	1.18	9.96	12.18	12.59	3.80	28.34	31.18	8.83	2.33	2.48	2.33
E 军事	0.86	0.69		11.33	13.37		40.51	36.69		3.58	2.74	
F 经济	0.45	0.46		17.26	16.71		61.34	45.40		3.55	2.72	
G 文化、科学、教育、体育	1.91	3.55	17.21	8.56	7.59	7.24	22.74	14.71	7.67	2.66	1.94	1.06
H 语言、文字	0.78	1.65		12.59	14.06		41.64	34.90		3.31	2.48	
I 文学	1.00	2.08	3.00	10.09	10.53	5.08	37.31	28.53	11.00	3.70	2.71	2.17
J 艺术	0.59	1.01	0.60	8.99	8.92	4.38	58.15	30.54	14.15	6.47	3.42	3.23
K 历史、地理	0.61	1.16	40.50	15.25	12.97	1.16	79.30	40.19	4.00	5.20	3.10	3.45
N 自然科学总论	0.69	1.21		10.46	12.82		53.05	56.09		5.07	4.37	
O 数理科学、化学	0.68	0.55		12.00	14.20		41.67	33.31		3.47	2.35	
P 天文学、地球科学	0.48	0.67		10.53	10.09		61.57	43.85		5.85	4.35	
Q 生物科学	0.69	0.73		8.93	13.49		51.67	41.51		5.79	3.08	
R 医药、卫生	0.42	0.54	0.21	15.62	18.46	12.50	64.23	52.71	29.00	4.11	2.86	2.32
S 农业科学	0.24	0.37		11.41	11.02		58.11	33.10		5.09	3.00	
T 工业技术	0.34	0.31		17.03	17.77		67.01	45.52		3.93	2.56	
U 交通运输	0.29	0.42		14.11	13.57		60.82	41.13		4.31	3.03	
V 航空、航天	0.30	0.37		10.97	12.65		68.77	48.24		6.27	3.81	
X 环境科学	0.62	0.43		8.21	11.60		33.21	33.40		4.04	2.88	
Z 综合性图书	0.37	2.54		12.65	6.49		90.99	28.35		7.19	4.37	

使用《中国标准书号》各类图书的平均印数、平均印张、平均定价和平均印张定价（续表1）

中　央

	平均印数 （万册/种）			平均印张 （印张/册）			平均定价 （元/册）			平均印张定价 （元/印张）		
	新版	重印	租型	新版	重印	租型	新版	重印	租型	新版	重印	租型
使用《标准书号》部分合计	**0.99**	**1.70**	**7.46**	**12.05**	**10.66**	**7.11**	**39.41**	**22.72**	**7.09**	**3.27**	**2.13**	**1.00**
A 马列主义、毛泽东思想	0.55	5.68		14.89	17.70		50.89	27.52		3.42	1.55	
B 哲学	0.82	1.27		12.39	13.50		54.50	41.75		4.40	3.09	
C 社会科学总论	0.60	0.62		14.12	16.67		55.64	47.36		3.94	2.84	
D 政治、法律	2.75	1.20	1.16	12.60	13.14	4.50	28.42	32.33	13.50	2.26	2.46	3.00
E 军事	0.79	0.46		10.38	16.63		40.96	49.64		3.94	2.99	
F 经济	0.47	0.47		16.82	16.80		61.45	45.91		3.65	2.73	
G 文化、科学、教育、体育	2.02	5.31	7.76	8.49	7.90	7.13	21.64	13.30	7.05	2.55	1.68	0.99
H 语言、文字	0.87	1.95		12.69	14.27		42.87	35.13		3.38	2.46	
I 文学	0.92	2.02		10.58	16.45		40.96	34.13		3.87	2.08	
J 艺术	0.62	0.82		9.26	9.67		59.50	34.93		6.43	3.61	
K 历史、地理	0.83	1.13		15.63	14.00		74.72	43.56		4.78	3.11	
N 自然科学总论	0.61	0.62		13.39	27.82		63.48	129.99		4.74	4.67	
O 数理科学、化学	0.78	0.45		13.20	18.22		41.68	40.27		3.16	2.21	
P 天文学、地球科学	0.36	0.49		11.76	12.84		70.74	47.80		6.02	3.72	
Q 生物科学	0.43	0.53		13.87	19.49		77.58	50.05		5.59	2.57	
R 医药、卫生	0.44	0.51		19.53	20.49		76.63	53.69		3.92	2.62	
S 农业科学	0.23	0.30		12.19	13.05		62.86	36.52		5.16	2.80	
T 工业技术	0.36	0.30		17.96	18.50		68.24	46.34		3.80	2.51	
U 交通运输	0.31	0.40		14.79	14.20		63.94	40.33		4.32	2.84	
V 航空、航天	0.23	0.23		13.41	17.28		82.65	50.63		6.17	2.93	
X 环境科学	0.43	0.30		12.21	15.02		50.95	38.17		4.17	2.54	
Z 综合性图书	0.58	2.28		9.68	8.64		79.61	43.39		8.22	5.02	

使用《中国标准书号》各类图书的平均印数、平均印张、平均定价和平均印张定价（续表2）

地　方

	平均印数（万册/种）			平均印张（印张/册）			平均定价（元/册）			平均印张定价（元/印张）		
	新版	重印	租型	新版	重印	租型	新版	重印	租型	新版	重印	租型
使用《标准书号》部分合计	**1.16**	**2.55**	**17.21**	**9.36**	**7.86**	**7.23**	**30.79**	**17.61**	**7.67**	**3.29**	**2.24**	**1.06**
A 马列主义、毛泽东思想	0.24	0.64	10.01	15.98	20.19	1.00	57.60	59.40	4.00	3.60	2.94	4.00
B 哲学	0.74	1.02		11.81	12.89		50.54	39.60		4.28	3.07	
C 社会科学总论	0.57	0.79		11.87	13.68		48.85	39.34		4.12	2.88	
D 政治、法律	0.88	1.14	10.20	8.78	10.68	3.79	27.64	27.15	8.81	3.15	2.54	2.32
E 军事	0.97	0.97		12.70	11.46		39.85	29.08		3.14	2.54	
F 经济	0.42	0.45		18.20	16.47		61.09	43.92		3.36	2.67	
G 文化、科学、教育、体育	1.88	3.17	17.23	8.57	7.48	7.24	23.01	15.20	7.67	2.68	2.03	1.06
H 语言、文字	0.70	1.18		12.50	13.53		40.43	34.34		3.24	2.54	
I 文学	1.03	2.10	3.00	9.92	8.46	5.08	36.02	26.56	11.00	3.63	3.14	2.17
J 艺术	0.58	1.13	0.60	8.87	8.60	4.38	57.58	28.61	14.15	6.49	3.33	3.23
K 历史、地理	0.46	1.19	40.50	14.78	11.84	1.16	84.88	36.53	4.00	5.74	3.08	3.45
N 自然科学总论	0.76	2.06		8.58	6.23		46.39	23.62		5.41	3.79	
O 数理科学、化学	0.56	0.84		9.90	8.06		41.64	22.67		4.21	2.81	
P 天文学、地球科学	0.66	0.94		9.60	7.96		54.62	40.78		5.69	5.13	
Q 生物科学	0.90	1.14		6.94	7.94		41.26	33.60		5.95	4.23	
R 医药、卫生	0.40	0.64	0.21	11.17	13.40	12.50	50.10	50.26	29.00	4.49	3.75	2.32
S 农业科学	0.26	0.60		10.35	7.73		51.77	27.54		5.00	3.56	
T 工业技术	0.28	0.37		14.59	14.94		63.76	42.34		4.37	2.83	
U 交通运输	0.26	0.46		12.54	11.70		53.53	43.49		4.27	3.72	
V 航空、航天	0.47	0.65		8.03	9.49		52.05	46.60		6.48	4.91	
X 环境科学	0.95	0.87		4.95	7.76		18.74	28.04		3.78	3.61	
Z 综合性图书	0.26	2.67		15.81	5.61		103.15	22.21		6.52	3.96	

各地区使用《中国标准书号》各类图书的平均印数、平均印张、平均定价和平均印张定价

使用《标准书号》部分合计

	平均印数（万册/种）			平均印张（印张/册）			平均定价（元/册）			平均印张定价（元/印张）		
	新版	重印	租型	新版	重印	租型	新版	重印	租型	新版	重印	租型
全国总计	**1.09**	**2.20**	**17.19**	**10.33**	**8.74**	**7.23**	**33.92**	**19.22**	**7.67**	**3.28**	**2.20**	**1.06**
中　央	**0.99**	**1.70**	**7.46**	**12.05**	**10.66**	**7.11**	**39.41**	**22.72**	**7.09**	**3.27**	**2.13**	**1.00**
地　方	**1.16**	**2.55**	**17.21**	**9.36**	**7.86**	**7.23**	**30.79**	**17.61**	**7.67**	**3.29**	**2.24**	**1.06**
北　京	1.09	2.34	9.25	11.20	8.76	7.63	43.57	24.97	7.42	3.89	2.85	0.97
天　津	0.82	1.88	6.11	9.12	8.81	7.41	40.97	30.35	7.54	4.49	3.45	1.02
河　北	1.59	2.66	23.00	9.62	7.28	7.77	29.05	15.87	7.94	3.02	2.18	1.02
山　西	1.68	2.84	15.90	14.93	8.21	7.52	29.17	14.46	7.13	1.95	1.76	0.95
内蒙古	0.60	1.13	9.43	9.87	7.05	8.18	26.14	11.17	8.50	2.65	1.59	1.04
辽　宁	0.85	1.68	11.05	10.23	8.22	7.93	31.31	17.85	8.23	3.06	2.17	1.04
吉　林	0.51	1.35	7.26	9.82	8.45	8.12	30.62	22.09	8.60	3.12	2.62	1.06
黑龙江	0.39	1.20	8.98	7.56	8.45	7.57	30.29	21.46	7.84	4.01	2.54	1.04
上　海	1.31	2.04	15.17	9.32	9.97	7.67	36.37	26.27	11.93	3.90	2.63	1.56
江　苏	1.41	2.66	24.47	8.81	7.28	7.10	25.56	15.32	7.55	2.90	2.10	1.06
浙　江	1.56	2.79	23.05	8.73	7.19	6.77	32.27	16.60	7.64	3.70	2.31	1.13
安　徽	1.10	2.42	15.40	7.91	8.13	7.45	27.30	16.90	8.60	3.45	2.08	1.15
福　建	1.49	3.19	20.23	8.82	7.63	7.04	25.16	14.46	7.29	2.85	1.89	1.04
江　西	1.64	2.74	33.68	7.51	6.26	7.92	21.66	17.36	7.67	2.88	2.77	0.97
山　东	1.37	2.89	22.71	7.35	6.65	6.11	25.63	12.81	6.90	3.49	1.93	1.13
河　南	1.27	3.81	55.05	7.90	7.40	7.47	23.35	11.31	7.07	2.96	1.53	0.95
湖　北	1.29	2.35	17.90	7.84	7.23	7.53	28.70	18.57	8.61	3.66	2.57	1.14
湖　南	2.42	4.28	26.00	9.99	8.73	6.68	29.32	16.51	7.67	2.93	1.89	1.15
广　东	1.12	3.93	74.20	9.64	7.71	7.42	33.92	13.50	7.42	3.52	1.75	1.00
广　西	1.58	4.81	18.17	9.49	7.08	7.53	26.79	12.30	7.66	2.82	1.74	1.02
海　南	0.76	1.59	6.46	11.06	7.41	6.32	33.36	16.16	6.96	3.02	2.18	1.10
重　庆	0.95	2.37	12.35	11.50	6.42	7.06	39.36	13.50	8.07	3.42	2.10	1.14
四　川	0.88	3.13	20.21	8.58	7.88	7.22	35.31	16.55	7.49	4.12	2.10	1.04
贵　州	1.11	8.87	14.28	9.54	4.16	7.38	35.06	15.83	8.38	3.68	3.81	1.13
云　南	1.34	2.00	22.44	10.32	8.03	7.78	24.27	16.62	7.28	2.35	2.07	0.94
西　藏	0.43	1.20	3.96	11.12	7.24	6.89	35.92	10.95	8.58	3.23	1.51	1.25
陕　西	0.64	1.69	9.79	11.19	9.00	7.14	40.90	25.29	7.54	3.65	2.81	1.06
甘　肃	0.90	2.09	13.41	8.80	5.84	6.87	33.83	14.36	6.99	3.85	2.46	1.02
青　海	0.29	0.82	3.47	13.18	10.59	7.46	56.86	11.47	7.97	4.31	1.08	1.07
宁　夏	1.60	2.71	4.87	11.97	12.44	7.52	39.52	36.24	9.24	3.30	2.91	1.23
新　疆	1.65	3.30	12.79	13.04	10.43	6.49	31.27	22.55	7.45	2.40	2.16	1.15
兵　团	0.43	0.19		6.83	5.67		29.95	19.83		4.38	3.50	

各地区使用《中国标准书号》各类图书的平均印数、平均印张、平均定价和平均印张定价（续表1）

A　马克思主义、列宁主义、毛泽东思想

	平均印数（万册/种）			平均印张（印张/册）			平均定价（元/册）			平均印张定价（元/印张）		
	新版	重印	租型	新版	重印	租型	新版	重印	租型	新版	重印	租型
全国总计	0.39	4.10	10.01	15.23	17.83	1.00	52.99	29.09	4.00	3.48	1.63	4.00
中　央	0.55	5.68		14.89	17.70		50.89	27.52		3.42	1.55	
地　方	0.24	0.64	10.01	15.98	20.19	1.00	57.60	59.40	4.00	3.60	2.94	4.00
北　京	0.19	0.66		12.55	20.29		64.99	48.80		5.18	2.40	
天　津	0.57	0.60		13.59	12.93		67.25	30.50		4.95	2.36	
河　北	0.13	0.43		16.16	13.31		43.55	39.76		2.70	2.99	
山　西	0.10	0.70		11.40	12.20		68.00	31.76		5.97	2.60	
内蒙古	0.04	0.40		24.04	28.11		41.75	29.38		1.74	1.05	
辽　宁	0.26	0.28		22.81	24.29		78.24	111.14		3.43	4.58	
吉　林	0.06	1.04		18.82	13.02		50.35	28.28		2.67	2.17	
黑龙江	0.23	0.28		10.92	12.71		44.26	22.00		4.05	1.73	
上　海	0.28	0.31		14.97	23.19		48.23	68.52		3.22	2.96	
江　苏	0.28	0.66		13.13	13.55		45.10	36.96		3.43	2.73	
浙　江	0.40	0.13		8.98	22.48		29.89	48.12		3.33	2.14	
安　徽	0.16	0.37		15.67	17.35		46.25	48.00		2.95	2.77	
福　建	0.51	0.25		15.75	14.50		32.00	32.00		2.03	2.21	
江　西	0.35	1.51		17.33	6.52		46.31	20.00		2.67	3.07	
山　东	0.13	0.38		11.34	8.85		39.64	44.80		3.50	5.06	
河　南	0.31	1.46		18.50	17.97		40.55	30.98		2.19	1.72	
湖　北	0.18	1.05	10.01	21.95	85.49	1.00	114.80	554.28	4.00	5.23	6.48	4.00
湖　南	0.22	0.49		19.99	20.53		65.61	52.34		3.28	2.55	
广　东	0.10	0.24		24.58	5.69		52.67	18.26		2.14	3.21	
广　西	0.25	2.35		13.72	22.33		61.29	57.27		4.47	2.56	
海　南												
重　庆	0.15	0.68		33.91	17.65		99.19	58.35		2.92	3.31	
四　川	0.36	0.76		14.92	27.70		48.09	49.65		3.22	1.79	
贵　州		0.35			9.71			27.00			2.78	
云　南	0.14			25.87			93.17			3.60		
西　藏												
陕　西	0.15	0.30		16.09	15.38		52.11	35.00		3.24	2.28	
甘　肃	0.05			16.33			43.00			2.63		
青　海												
宁　夏												
新　疆	0.02			14.33			45.00			3.14		
兵　团												

各地区使用《中国标准书号》各类图书的平均印数、平均印张、平均定价和平均印张定价（续表2）

B 哲 学

	平均印数（万册/种）			平均印张（印张/册）			平均定价（元/册）			平均印张定价（元/印张）		
	新版	重印	租型	新版	重印	租型	新版	重印	租型	新版	重印	租型
全国总计	**0.78**	**1.16**		**12.12**	**13.27**		**52.65**	**40.93**		**4.34**	**3.08**	
中　央	**0.82**	**1.27**		**12.39**	**13.50**		**54.50**	**41.75**		**4.40**	**3.09**	
地　方	**0.74**	**1.02**		**11.81**	**12.89**		**50.54**	**39.60**		**4.28**	**3.07**	
北　京	0.98	1.46		12.37	12.49		58.13	40.01		4.70	3.20	
天　津	1.33	1.90		7.72	12.58		36.18	40.50		4.69	3.22	
河　北	0.05	0.50		14.94	14.00		48.56	80.00		3.25	5.71	
山　西	0.34	2.00		11.27	9.15		49.29	44.15		4.37	4.83	
内蒙古	0.20	0.59		15.87	16.52		67.01	35.33		4.22	2.14	
辽　宁	0.48	0.96		10.53	10.22		40.59	27.95		3.86	2.74	
吉　林	0.83	1.38		8.97	11.04		33.44	36.85		3.73	3.34	
黑龙江	0.61	0.15		11.91	13.00		57.24	38.00		4.81	2.92	
上　海	0.45	0.67		16.37	16.62		59.43	44.97		3.63	2.71	
江　苏	0.82	0.80		12.34	12.09		53.01	37.16		4.30	3.07	
浙　江	0.45	1.48		14.34	12.64		79.55	47.09		5.55	3.72	
安　徽	0.21	0.54		13.74	10.62		52.31	19.14		3.81	1.80	
福　建	0.37	1.19		15.03	13.88		63.52	34.22		4.23	2.46	
江　西	0.70	0.85		11.71	10.97		43.21	26.80		3.69	2.44	
山　东	0.16	0.48		16.82	12.14		137.21	31.75		8.16	2.61	
河　南	0.32	0.75		15.16	9.47		51.81	22.51		3.42	2.38	
湖　北	0.47	0.54		11.89	10.94		46.09	32.96		3.88	3.01	
湖　南	4.59	2.29		9.27	10.39		45.48	31.08		4.90	2.99	
广　东	0.43	0.69		12.38	16.97		54.60	48.69		4.41	2.87	
广　西	0.47	1.37		16.48	14.27		58.81	36.32		3.57	2.55	
海　南	0.36	0.59		11.26	18.73		50.54	45.64		4.49	2.44	
重　庆	1.25	0.32		18.06	17.09		62.37	45.30		3.45	2.65	
四　川	1.84	2.50		9.99	11.31		43.16	43.94		4.32	3.89	
贵　州	0.66	0.10		14.82	30.75		43.41	108.00		2.93	3.51	
云　南	0.16	0.57		13.83	16.27		75.06	28.73		5.43	1.77	
西　藏	0.27	0.25		20.52	10.75		47.61	23.50		2.32	2.19	
陕　西	0.32	0.69		14.31	22.51		64.30	43.58		4.49	1.94	
甘　肃	0.39	0.14		34.55	13.93		84.98	29.32		2.46	2.11	
青　海	0.33	0.32		12.58	10.92		39.81	61.61		3.17	5.64	
宁　夏	0.06	0.15		50.25	9.50		480.00	26.00		9.55	2.74	
新　疆	0.11	1.02		18.72	12.12		56.11	15.80		3.00	1.30	
兵　团	0.15			11.50			39.80			3.46		

各地区使用《中国标准书号》各类图书的平均印数、平均印张、平均定价和平均印张定价（续表3）

C 社会科学总论

地区	平均印数（万册/种）新版	平均印数（万册/种）重印	平均印数（万册/种）租型	平均印张（印张/册）新版	平均印张（印张/册）重印	平均印张（印张/册）租型	平均定价（元/册）新版	平均定价（元/册）重印	平均定价（元/册）租型	平均印张定价（元/印张）新版	平均印张定价（元/印张）重印	平均印张定价（元/印张）租型
全国总计	0.59	0.68		13.17	15.53		52.76	44.31		4.01	2.85	
中　央	0.60	0.62		14.12	16.67		55.64	47.36		3.94	2.84	
地　方	0.57	0.79		11.87	13.68		48.85	39.34		4.12	2.88	
北　京	0.97	1.41		11.72	10.82		43.66	35.81		3.72	3.31	
天　津	0.66	1.81		11.77	13.39		56.41	34.08		4.79	2.55	
河　北	0.20	0.09		18.52	12.25		57.50	39.00		3.10	3.18	
山　西	0.66	1.75		24.39	11.71		65.00	41.14		2.67	3.51	
内蒙古	0.09	2.06		27.50	14.08		159.72	25.95		5.81	1.84	
辽　宁	0.26	0.32		15.18	15.31		45.59	37.05		3.00	2.42	
吉　林	0.45	1.07		9.83	10.59		37.06	36.15		3.77	3.41	
黑龙江	0.38	0.34		11.59	14.33		44.35	41.59		3.83	2.90	
上　海	0.27	0.63		15.47	18.18		59.47	41.99		3.84	2.31	
江　苏	0.48	0.98		12.55	11.50		54.15	36.10		4.32	3.14	
浙　江	0.67	0.81		12.64	14.80		56.84	54.35		4.49	3.67	
安　徽	0.13	0.22		18.00	14.55		58.45	32.19		3.25	2.21	
福　建	0.67	0.34		13.10	18.78		88.85	44.46		6.78	2.37	
江　西	0.72	0.40		12.72	9.58		42.83	29.00		3.37	3.03	
山　东	1.11	0.23		11.46	12.08		45.75	33.52		3.99	2.77	
河　南	0.14	0.20		16.07	16.83		56.42	41.10		3.51	2.44	
湖　北	0.32	0.36		9.39	16.91		35.98	39.25		3.83	2.32	
湖　南	1.77	0.87		9.45	21.89		44.61	39.90		4.72	1.82	
广　东	0.30	0.25		15.21	16.13		65.85	39.09		4.33	2.42	
广　西	0.47	0.73		22.22	16.36		69.71	60.52		3.14	3.70	
海　南	0.21	0.55		12.81	25.08		54.20	47.80		4.23	1.91	
重　庆	0.20	0.40		18.01	20.67		50.20	46.71		2.79	2.26	
四　川	2.10	3.10		9.26	9.58		39.21	33.94		4.23	3.54	
贵　州	0.12			18.93			46.55			2.46		
云　南	0.40	0.85		15.31	5.56		61.61	13.38		4.02	2.40	
西　藏	0.57			29.12			76.24			2.62		
陕　西	0.21	0.85		14.62	5.77		57.44	47.91		3.93	8.30	
甘　肃	0.26	0.27		13.53	15.56		56.30	26.43		4.16	1.70	
青　海	0.03			14.46			36.00			2.49		
宁　夏	0.08			22.25			80.78			3.63		
新　疆												
兵　团												

各地区使用《中国标准书号》各类图书的平均印数、平均印张、平均定价和平均印张定价（续表4）

D 政治、法律

	平均印数（万册/种）			平均印张（印张/册）			平均定价（元/册）			平均印张定价（元/印张）		
	新版	重印	租型	新版	重印	租型	新版	重印	租型	新版	重印	租型
全国总计	**2.23**	**1.18**	**9.96**	**12.18**	**12.59**	**3.80**	**28.34**	**31.18**	**8.83**	**2.33**	**2.48**	**2.33**
中　央	**2.75**	**1.20**	**1.16**	**12.60**	**13.14**	**4.50**	**28.42**	**32.33**	**13.50**	**2.26**	**2.46**	**3.00**
地　方	**0.88**	**1.14**	**10.20**	**8.78**	**10.68**	**3.79**	**27.64**	**27.15**	**8.81**	**3.15**	**2.54**	**2.32**
北　京	0.56	0.55		11.03	12.08		40.61	27.68		3.68	2.29	
天　津	5.03	0.82		2.17	11.52		9.31	43.48		4.30	3.77	
河　北	0.11	1.29		19.04	14.12		64.90	41.75		3.41	2.96	
山　西	0.27	0.10		17.27	23.81		64.46	102.17		3.73	4.29	
内 蒙 古	0.21	0.21		16.13	13.57		53.48	28.10		3.32	2.07	
辽　宁	0.77	0.38		15.17	16.12		30.33	38.95		2.00	2.42	
吉　林	0.15	0.35	1.50	13.24	14.42	5.17	45.33	36.60	18.33	3.42	2.54	3.55
黑 龙 江	0.41	0.53		12.78	13.94		31.07	28.51		2.43	2.05	
上　海	0.34	0.50	8.00	16.01	20.09	18.06	62.67	52.26	30.00	3.91	2.60	1.66
江　苏	0.72	0.58		11.05	11.70		35.65	37.12		3.23	3.17	
浙　江	3.12	1.12	11.83	5.43	13.81	3.65	11.50	34.84	9.06	2.12	2.52	2.48
安　徽	0.27	3.41		14.47	6.16		70.51	13.78		4.87	2.24	
福　建	0.26	0.87	1.00	14.30	10.67	6.51	57.05	29.23	18.33	3.99	2.74	2.82
江　西	0.41	0.95		13.15	11.86		39.80	24.01		3.03	2.02	
山　东	0.39	2.35	4.65	11.64	7.32	6.57	49.48	36.10	12.32	4.25	4.93	1.88
河　南	0.36	0.44	33.50	14.05	11.25	1.43	51.90	27.08	4.18	3.70	2.41	2.93
湖　北	3.60	0.34	1.26	6.06	15.26	3.77	16.71	36.97	13.59	2.76	2.42	3.61
湖　南	1.25	0.98	1.00	8.41	5.89	6.25	25.47	19.16	18.00	3.03	3.26	2.88
广　东	0.60	4.89	17.72	17.42	6.90	17.63	60.17	16.73	30.00	3.45	2.42	1.70
广　西	1.56	0.90	0.50	11.87	20.04	6.51	24.70	59.09	18.33	2.08	2.95	2.82
海　南	0.25	0.14		14.09	16.78		56.62	40.55		4.02	2.42	
重　庆	0.31	0.16		14.53	20.86		45.62	71.11		3.14	3.41	
四　川	0.51	1.10	0.11	15.76	14.79	21.95	49.03	39.79	27.00	3.11	2.69	1.23
贵　州	0.14	0.44		16.51	19.14		73.18	102.94		4.43	5.38	
云　南	0.18	1.19	0.30	22.96	35.76	23.31	104.74	55.69	27.00	4.56	1.56	1.16
西　藏	1.28	0.33		2.90	6.13		21.45	19.64		7.40	3.20	
陕　西	0.24	3.04	1.79	14.00	7.77	5.34	45.79	9.39	7.80	3.27	1.21	1.46
甘　肃	0.36	0.45		19.13	14.15		44.79	43.53		2.34	3.08	
青　海	0.38	0.26		15.68	6.21		79.14	16.12		5.05	2.60	
宁　夏	0.36			11.57			39.00			3.37		
新　疆	1.76	1.45	60.00	3.69	7.09	1.58	12.30	10.10	5.05	3.33	1.42	3.20
兵　团	0.12			20.11			80.09			3.98		

各地区使用《中国标准书号》各类图书的平均印数、平均印张、平均定价和平均印张定价（续表5）

E 军 事

	平均印数（万册/种）			平均印张（印张/册）			平均定价（元/册）			平均印张定价（元/印张）		
	新版	重印	租型	新版	重印	租型	新版	重印	租型	新版	重印	租型
全国总计	0.86	0.69		11.33	13.37		40.51	36.69		3.58	2.74	
中　央	0.79	0.46		10.38	16.63		40.96	49.64		3.94	2.99	
地　方	0.97	0.97		12.70	11.46		39.85	29.08		3.14	2.54	
北　京	0.68	1.77		12.03	13.77		73.98	35.11		6.15	2.55	
天　津	1.53	0.60		2.11	19.85		23.93	76.61		11.36	3.86	
河　北	0.13			40.92			550.00			13.44		
山　西	0.53	0.40		9.68	23.97		40.13	44.93		4.14	1.87	
内 蒙 古	0.10	0.20		28.71	12.31		108.00	22.00		3.76	1.79	
辽　宁	0.52	0.62		10.47	9.45		45.44	31.15		4.34	3.30	
吉　林	0.25	0.89		6.39	8.76		23.13	36.60		3.62	4.18	
黑 龙 江	0.21	0.07		10.60	8.19		36.55	23.92		3.45	2.92	
上　海	0.36	0.81		17.37	19.14		66.65	37.24		3.84	1.95	
江　苏	2.68	0.48		10.72	16.91		29.02	53.05		2.71	3.14	
浙　江	1.79	5.68		9.11	6.85		39.96	14.69		4.39	2.15	
安　徽	4.20	0.39		16.50	15.78		38.00	34.60		2.30	2.19	
福　建	2.41	0.80		23.74	24.88		55.53	43.81		2.34	1.76	
江　西	0.53	1.48		11.28	10.49		62.21	16.38		5.51	1.56	
山　东	0.56	1.40		10.90	9.34		51.99	29.98		4.77	3.21	
河　南	0.86	0.84		13.42	8.15		35.17	18.40		2.62	2.26	
湖　北	0.57	0.22		13.24	15.17		47.25	32.10		3.57	2.12	
湖　南	0.96	0.51		12.13	14.99		38.53	38.85		3.18	2.59	
广　东	0.49	0.78		25.63	16.26		78.83	40.77		3.08	2.51	
广　西	0.30	0.87		13.50	17.35		38.70	30.98		2.87	1.79	
海　南	0.23			18.53			74.03			4.00		
重　庆	0.47	0.35		21.88	19.41		40.48	45.77		1.85	2.36	
四　川	0.49	0.78		21.26	13.71		48.99	34.25		2.30	2.50	
贵　州	9.50	0.14		3.45	6.55		20.00	16.00		5.80	2.44	
云　南	0.51	1.17		6.25	16.70		10.00	29.17		1.60	1.75	
西　藏												
陕　西	0.81	0.29		16.43	19.40		39.05	42.06		2.38	2.17	
甘　肃		0.30			6.50			21.80			3.35	
青　海	0.08			24.25			368.00			15.18		
宁　夏	0.12	0.20		18.00	15.50		48.00	68.00		2.67	4.39	
新　疆												
兵　团		0.50			18.75			58.00			3.09	

各地区使用《中国标准书号》各类图书的平均印数、平均印张、平均定价和平均印张定价（续表6）

F 经 济

	平均印数（万册/种）			平均印张（印张/册）			平均定价（元/册）			平均印张定价（元/印张）		
	新版	重印	租型	新版	重印	租型	新版	重印	租型	新版	重印	租型
全国总计	**0.45**	**0.46**		**17.26**	**16.71**		**61.34**	**45.40**		**3.55**	**2.72**	
中 央	**0.47**	**0.47**		**16.82**	**16.80**		**61.45**	**45.91**		**3.65**	**2.73**	
地 方	**0.42**	**0.45**		**18.20**	**16.47**		**61.09**	**43.92**		**3.36**	**2.67**	
北 京	1.76	0.24		23.11	15.33		56.93	36.80		2.46	2.40	
天 津	0.37	0.87		13.97	14.67		82.06	46.55		5.87	3.17	
河 北	0.13	0.31		21.03	6.15		92.95	13.06		4.42	2.12	
山 西	0.27	0.61		15.67	11.22		84.05	33.28		5.36	2.97	
内 蒙 古	0.24	0.29		13.30	17.86		53.39	38.09		4.01	2.13	
辽 宁	0.22	0.40		16.12	18.45		49.38	39.56		3.06	2.14	
吉 林	0.11	0.61		11.62	9.22		44.45	21.06		3.83	2.28	
黑 龙 江	0.16	0.22		14.02	14.57		49.64	41.88		3.54	2.88	
上 海	0.41	0.55		18.52	19.63		62.11	46.96		3.35	2.39	
江 苏	0.30	0.27		14.22	15.14		54.59	41.81		3.84	2.76	
浙 江	0.56	1.01		14.90	14.25		60.10	54.09		4.03	3.80	
安 徽	0.30	0.28		14.80	13.79		54.77	33.70		3.70	2.44	
福 建	0.30	0.31		26.19	19.37		197.16	53.87		7.53	2.78	
江 西	0.30	0.24		14.90	12.69		54.49	38.71		3.66	3.05	
山 东	0.18	0.20		17.42	15.24		75.72	38.34		4.35	2.52	
河 南	0.23	0.23		19.38	14.87		90.75	45.57		4.68	3.06	
湖 北	0.16	0.22		16.77	16.96		65.47	45.44		3.90	2.68	
湖 南	0.42	0.28		14.63	18.12		64.06	44.61		4.38	2.46	
广 东	0.48	0.61		15.96	11.82		60.11	39.56		3.77	3.35	
广 西	0.23	0.52		15.16	14.57		62.96	53.34		4.15	3.66	
海 南	2.38	0.38		12.21	18.45		50.86	59.46		4.17	3.22	
重 庆	0.27	0.22		12.50	16.33		48.31	44.92		3.87	2.75	
四 川	0.33	0.60		15.00	13.64		53.00	40.40		3.53	2.96	
贵 州	0.25	0.23		16.19	7.25		86.16	26.57		5.32	3.66	
云 南	0.17	0.17		15.32	11.04		92.38	37.92		6.03	3.43	
西 藏	0.34			10.62			49.36			4.65		
陕 西	0.24	0.20		15.41	15.92		55.79	44.91		3.62	2.82	
甘 肃	0.14	0.32		22.81	12.49		91.37	30.23		4.01	2.42	
青 海	0.13			27.30			291.77			10.69		
宁 夏	0.47			21.93			77.43			3.53		
新 疆	0.77	0.20		12.22	26.50		33.74	82.00		2.76	3.09	
兵 团	0.13			16.59			95.16			5.74		

各地区使用《中国标准书号》各类图书的平均印数、平均印张、平均定价和平均印张定价（续表7）

G 文化、科学、教育、体育

	平均印数（万册/种）			平均印张（印张/册）			平均定价（元/册）			平均印张定价（元/印张）		
	新版	重印	租型	新版	重印	租型	新版	重印	租型	新版	重印	租型
全国总计	1.91	3.55	17.21	8.56	7.59	7.24	22.74	14.71	7.67	2.66	1.94	1.06
中 央	2.02	5.31	7.76	8.49	7.90	7.13	21.64	13.30	7.05	2.55	1.68	0.99
地 方	1.88	3.17	17.23	8.57	7.48	7.24	23.01	15.20	7.67	2.68	2.03	1.06
北 京	1.25	2.69	9.25	9.06	7.57	7.63	29.12	22.43	7.42	3.22	2.96	0.97
天 津	1.10	2.13	6.11	10.74	8.75	7.41	40.20	30.40	7.54	3.74	3.47	1.02
河 北	2.15	2.67	23.05	9.37	7.50	7.77	25.67	14.60	7.94	2.74	1.95	1.02
山 西	3.26	3.37	15.90	14.58	7.91	7.52	20.51	13.33	7.13	1.41	1.69	0.95
内蒙古	1.46	1.31	9.43	7.83	6.72	8.18	11.58	10.22	8.50	1.48	1.52	1.04
辽 宁	1.29	2.55	11.05	10.32	7.39	7.93	24.44	14.37	8.23	2.37	1.94	1.04
吉 林	0.71	1.47	7.29	9.44	8.31	8.12	27.89	21.37	8.59	2.95	2.57	1.06
黑龙江	0.61	1.61	8.98	5.57	8.28	7.57	20.93	20.73	7.84	3.76	2.50	1.04
上 海	3.05	3.49	15.39	7.86	8.27	7.50	29.53	22.39	11.64	3.76	2.71	1.55
江 苏	2.77	3.34	24.47	7.85	6.87	7.10	16.94	13.26	7.55	2.16	1.93	1.06
浙 江	2.49	3.65	23.38	8.42	6.51	6.82	24.02	12.96	7.62	2.85	1.99	1.12
安 徽	1.38	2.73	15.42	7.90	8.19	7.45	23.11	15.82	8.60	2.92	1.93	1.15
福 建	3.14	4.31	20.51	8.21	7.34	7.04	17.15	13.21	7.28	2.09	1.80	1.03
江 西	2.37	2.69	33.68	6.97	6.14	7.92	16.00	14.06	7.67	2.30	2.29	0.97
山 东	2.11	3.11	22.81	6.47	6.57	6.11	16.49	11.22	6.89	2.55	1.71	1.13
河 南	2.80	5.23	55.21	6.80	7.41	7.50	14.12	10.55	7.08	2.08	1.42	0.94
湖 北	2.56	3.29	18.04	6.70	6.54	7.54	24.38	16.64	8.62	3.64	2.54	1.14
湖 南	2.94	5.60	26.12	8.37	8.39	6.67	21.26	14.91	7.66	2.54	1.78	1.15
广 东	1.95	5.21	74.62	8.37	7.54	7.41	22.63	12.11	7.38	2.70	1.61	1.00
广 西	3.29	7.20	18.30	9.08	6.78	7.53	14.98	9.36	7.66	1.65	1.38	1.02
海 南	0.75	1.60	6.46	9.44	6.82	6.32	23.12	12.76	6.96	2.45	1.87	1.10
重 庆	1.79	3.90	12.35	9.31	5.74	7.06	27.58	10.70	8.07	2.96	1.87	1.14
四 川	1.11	4.85	20.26	6.84	7.57	7.22	25.05	11.75	7.49	3.66	1.55	1.04
贵 州	2.21	4.91	14.28	8.86	5.47	7.38	19.41	10.03	8.38	2.19	1.83	1.13
云 南	2.79	1.95	22.52	10.49	7.79	7.78	16.92	15.11	7.28	1.61	1.94	0.94
西 藏	0.97	1.88	3.96	7.33	6.67	6.89	16.38	9.00	8.58	2.24	1.35	1.25
陕 西	0.86	1.94	9.80	11.03	9.12	7.14	35.90	21.40	7.54	3.25	2.35	1.06
甘 肃	1.43	2.28	13.41	7.44	5.73	6.87	22.61	13.86	6.99	3.04	2.42	1.02
青 海	0.75	0.94	3.47	8.88	10.62	7.46	20.44	9.32	7.97	2.30	0.88	1.07
宁 夏	2.10	2.72	4.87	12.17	12.38	7.52	38.52	35.96	9.24	3.17	2.91	1.23
新 疆	1.74	3.43	12.57	12.87	10.45	6.61	31.90	22.59	7.51	2.48	2.16	1.14
兵 团	0.62	0.19		5.87	4.92		21.72	17.09		3.70	3.47	

各地区使用《中国标准书号》各类图书的平均印数、平均印张、平均定价和平均印张定价（续表8）

H　语言、文字

	平均印数（万册/种）			平均印张（印张/册）			平均定价（元/册）			平均印张定价（元/张）		
	新版	重印	租型	新版	重印	租型	新版	重印	租型	新版	重印	租型
全国总计	0.78	1.65		12.59	14.06		41.64	34.90		3.31	2.48	
中　　央	0.87	1.95		12.69	14.27		42.87	35.13		3.38	2.46	
地　　方	0.70	1.18		12.50	13.53		40.43	34.34		3.24	2.54	
北　　京	0.59	1.55		10.48	11.38		75.65	28.89		7.22	2.54	
天　　津	0.44	0.51		13.14	14.57		50.94	57.35		3.88	3.94	
河　　北	0.36	0.87		12.09	2.28		63.55	15.34		5.26	6.74	
山　　西	0.31	0.96		16.59	16.69		57.11	27.91		3.44	1.67	
内 蒙 古	0.18	0.51		16.62	18.49		52.84	28.22		3.18	1.53	
辽　　宁	0.42	0.65		11.25	11.42		36.13	31.85		3.21	2.79	
吉　　林	0.19	1.02		13.70	7.61		43.96	30.82		3.21	4.05	
黑 龙 江	0.24	0.24		8.06	18.86		34.12	39.63		4.23	2.10	
上　　海	0.70	1.53		14.61	17.52		46.95	40.73		3.21	2.32	
江　　苏	0.55	0.57		12.96	13.47		45.34	37.35		3.50	2.77	
浙　　江	2.53	1.23		7.52	7.62		24.38	22.87		3.24	3.00	
安　　徽	1.24	0.54		6.79	13.42		22.53	36.19		3.32	2.70	
福　　建	0.36	0.61		11.08	11.62		37.55	26.25		3.39	2.26	
江　　西	1.41	3.05		4.92	5.36		17.55	10.54		3.57	1.97	
山　　东	0.41	0.92		11.16	8.63		40.49	33.65		3.63	3.90	
河　　南	0.89	0.76		11.56	11.91		51.58	23.60		4.46	1.98	
湖　　北	0.44	0.46		12.57	16.00		41.83	36.91		3.33	2.31	
湖　　南	0.89	2.25		14.05	7.24		53.78	19.79		3.83	2.73	
广　　东	0.60	1.00		7.69	8.13		32.06	28.41		4.17	3.50	
广　　西	1.01	0.70		13.01	8.91		51.20	29.61		3.93	3.32	
海　　南	1.07	1.15		22.14	19.55		45.56	66.70		2.06	3.41	
重　　庆	0.44	0.29		16.25	12.88		44.54	32.86		2.74	2.55	
四　　川	0.78	1.06		13.93	11.58		51.22	33.22		3.68	2.87	
贵　　州	0.23	10.31		19.72	6.72		33.52	28.00		1.70	4.17	
云　　南	0.44	1.56		7.16	11.25		33.14	32.95		4.63	2.93	
西　　藏	0.21	0.57		13.42	10.04		33.44	17.27		2.49	1.72	
陕　　西	0.85	0.61		12.61	10.52		47.39	47.50		3.76	4.52	
甘　　肃	0.45	0.63		21.98	7.14		59.14	21.41		2.69	3.00	
青　　海	0.29	0.40		8.45	6.24		29.46	13.81		3.48	2.21	
宁　　夏	0.06			17.90			125.98			7.04		
新　　疆	17.83	0.80		24.84	6.03		33.12	21.63		1.33	3.59	
兵　　团												

各地区使用《中国标准书号》各类图书的平均印数、平均印张、平均定价和平均印张定价（续表9）

I 文　学

	平均印数（万册/种）			平均印张（印张/册）			平均定价（元/册）			平均印张定价（元/印张）		
	新版	重印	租型	新版	重印	租型	新版	重印	租型	新版	重印	租型
全国总计	1.00	2.08	3.00	10.09	10.53	5.08	37.31	28.53	11.00	3.70	2.71	2.17
中　央	0.92	2.02		10.58	16.45		40.96	34.13		3.87	2.08	
地　方	1.03	2.10	3.00	9.92	8.46	5.08	36.02	26.56	11.00	3.63	3.14	2.17
北　京	1.49	2.35		9.39	10.68		39.18	28.38		4.17	2.66	
天　津	1.43	2.41		8.30	8.46		38.56	28.58		4.64	3.38	
河　北	0.90	3.59	3.00	11.07	4.59	5.08	32.81	31.05	11.00	2.96	6.77	2.17
山　西	0.35	0.80		14.23	13.09		51.77	34.83		3.64	2.66	
内蒙古	0.31	0.35		13.53	9.14		44.68	22.38		3.30	2.45	
辽　宁	0.92	3.43		7.92	7.94		28.97	19.32		3.66	2.43	
吉　林	0.52	0.70		10.70	11.59		32.62	28.50		3.05	2.46	
黑龙江	0.46	0.35		7.70	8.82		31.82	26.63		4.13	3.02	
上　海	0.72	1.23		11.61	12.05		45.65	34.56		3.93	2.87	
江　苏	0.91	1.55		10.63	10.25		38.30	28.95		3.60	2.82	
浙　江	1.32	2.71		8.51	9.49		34.08	27.19		4.01	2.87	
安　徽	1.63	1.94		6.46	6.98		24.17	20.89		3.74	2.99	
福　建	0.85	1.01		9.45	8.61		30.17	24.18		3.19	2.81	
江　西	1.13	2.77		7.73	5.78		28.81	22.08		3.73	3.82	
山　东	1.46	2.84		7.72	6.82		30.44	24.08		3.94	3.53	
河　南	0.55	1.60		10.04	4.56		36.81	16.49		3.67	3.61	
湖　北	0.83	2.24		10.65	11.14		32.34	26.24		3.04	2.36	
湖　南	3.45	1.66		12.94	13.23		36.29	34.52		2.80	2.61	
广　东	0.86	1.03		10.46	10.68		40.66	31.90		3.89	2.99	
广　西	0.96	1.60		9.25	8.44		39.69	26.92		4.29	3.19	
海　南	0.87	0.98		14.71	10.56		53.27	34.99		3.62	3.31	
重　庆	0.86	1.08		16.03	15.56		49.90	46.97		3.11	3.02	
四　川	0.85	3.08		10.44	7.45		39.18	25.96		3.75	3.49	
贵　州	1.03	11.60		10.14	3.82		36.34	18.68		3.58	4.90	
云　南	0.74	3.54		9.42	8.35		32.20	22.24		3.42	2.66	
西　藏	0.23	0.29		11.96	9.97		38.03	19.43		3.18	1.95	
陕　西	0.91	1.49		8.24	6.49		33.25	49.56		4.04	7.63	
甘　肃	0.56	0.85		7.77	8.54		49.22	27.17		6.33	3.18	
青　海	0.32	0.35		12.81	10.98		42.60	33.80		3.33	3.08	
宁　夏	0.70	3.33		7.54	24.04		39.74	88.09		5.27	3.67	
新　疆	0.60	0.56		7.38	6.76		29.15	18.05		3.95	2.67	
兵　团	0.18	0.10		12.10	14.13		49.14	29.40		4.06	2.08	

各地区使用《中国标准书号》各类图书的平均印数、平均印张、平均定价和平均印张定价（续表10）

J 艺 术

	平均印数（万册/种）			平均印张（印张/册）			平均定价（元/册）			平均印张定价（元/印张）		
	新版	重印	租型	新版	重印	租型	新版	重印	租型	新版	重印	租型
全国总计	0.59	1.01	0.60	8.99	8.92	4.38	58.15	30.54	14.15	6.47	3.42	3.23
中 央	0.62	0.82		9.26	9.67		59.50	34.93		6.43	3.61	
地 方	0.58	1.13	0.60	8.87	8.60	4.38	57.58	28.61	14.15	6.49	3.33	3.23
北 京	0.52	0.89		8.95	11.34		71.79	41.57		8.02	3.67	
天 津	0.46	0.69		7.90	7.11		57.11	32.97		7.23	4.64	
河 北	0.45	0.53		10.00	7.38		96.83	57.15		9.68	7.75	
山 西	1.14	1.31		20.93	13.23		128.61	30.27		6.14	2.29	
内 蒙 古	0.27	0.41		8.47	6.50		54.63	21.14		6.45	3.25	
辽 宁	0.77	0.23		7.90	11.21		39.81	47.36		5.04	4.22	
吉 林	0.30	1.57		9.44	6.19		38.46	16.45		4.07	2.66	
黑 龙 江	0.15	0.27		8.68	8.89		51.41	32.59		5.92	3.67	
上 海	0.46	1.32		11.45	8.77		65.17	24.98		5.69	2.85	
江 苏	0.84	0.45		6.76	12.50		37.83	64.12		5.60	5.13	
浙 江	0.40	0.51		13.09	9.64		126.03	42.81		9.63	4.44	
安 徽	0.48	1.63	0.60	9.56	8.04	4.38	55.74	26.05	14.15	5.83	3.24	3.23
福 建	0.53	0.20		8.15	5.98		54.09	33.92		6.64	5.67	
江 西	1.15	6.33		8.56	6.57		43.72	23.86		5.11	3.63	
山 东	0.27	0.37		13.29	10.18		126.53	40.70		9.52	4.00	
河 南	0.46	0.50		9.12	6.56		62.67	27.06		6.87	4.12	
湖 北	0.55	1.60		8.92	8.50		49.12	25.56		5.51	3.01	
湖 南	1.44	0.78		7.41	13.20		36.41	34.69		4.91	2.63	
广 东	0.79	0.57		9.63	9.52		50.69	44.38		5.26	4.66	
广 西	0.38	0.61		12.96	17.03		80.63	76.39		6.22	4.49	
海 南	0.30	1.68		8.16	3.86		49.28	13.96		6.04	3.62	
重 庆	0.44	0.59		13.45	10.61		70.02	41.54		5.20	3.92	
四 川	1.14	2.44		4.47	6.35		29.69	21.95		6.64	3.46	
贵 州	0.58	0.86		11.51	14.68		158.01	63.44		13.73	4.32	
云 南	1.64	0.08		3.76	19.65		22.60	48.72		6.01	2.48	
西 藏	0.28	0.47		12.78	9.24		50.37	27.11		3.94	2.93	
陕 西	0.16	0.47		13.51	12.51		110.22	43.59		8.16	3.48	
甘 肃	0.44	0.48		12.75	10.25		107.42	57.90		8.42	5.65	
青 海	0.10	0.24		11.78	13.50		90.92	42.75		7.72	3.17	
宁 夏	0.16	0.02		18.78	14.75		127.89	168.00		6.81	11.39	
新 疆	0.53			19.18			101.60			5.30		
兵 团	0.25	0.20		6.05	3.88		30.78	36.00		5.09	9.29	

各地区使用《中国标准书号》各类图书的平均印数、平均印张、平均定价和平均印张定价（续表11）

K 历史、地理

	平均印数（万册/种）			平均印张（印张/册）			平均定价（元/册）			平均印张定价（元/印张）		
	新版	重印	租型	新版	重印	租型	新版	重印	租型	新版	重印	租型
全国总计	0.61	1.16	40.50	15.25	12.97	1.16	79.30	40.19	4.00	5.20	3.10	3.45
中 央	0.83	1.13		15.63	14.00		74.72	43.56		4.78	3.11	
地 方	0.46	1.19	40.50	14.78	11.84	1.16	84.88	36.53	4.00	5.74	3.08	3.45
北 京	0.68	2.02		11.92	14.24		69.90	33.85		5.86	2.38	
天 津	0.48	0.65		17.48	15.44		112.99	51.73		6.47	3.35	
河 北	0.24	0.49		18.66	9.60		111.99	26.52		6.00	2.76	
山 西	0.28	0.80		18.65	13.33		121.61	40.15		6.52	3.01	
内蒙古	0.21	0.16		20.42	17.82		128.54	37.24		6.30	2.09	
辽 宁	0.53	0.69		11.14	11.40		46.48	31.43		4.17	2.76	
吉 林	0.20	0.50		12.04	10.90		51.79	33.93		4.30	3.11	
黑龙江	0.31	0.33		13.30	5.96		57.87	37.70		4.35	6.33	
上 海	0.46	0.99		18.00	15.34		88.97	35.05		4.94	2.29	
江 苏	0.39	1.77		16.37	11.81		98.83	36.24		6.04	3.07	
浙 江	0.35	1.32		17.08	16.05		94.29	54.40		5.52	3.39	
安 徽	0.30	1.46		13.31	7.00		84.74	51.41		6.37	7.35	
福 建	0.32	0.65		12.67	10.80		64.29	24.29		5.07	2.25	
江 西	0.80	0.65		12.35	12.67		54.24	37.74		4.39	2.98	
山 东	0.73	1.10		10.40	4.18		66.78	24.75		6.42	5.92	
河 南	0.28	0.54		22.39	10.64		145.33	30.75		6.49	2.89	
湖 北	0.35	1.04		15.39	14.57		75.14	36.00		4.88	2.47	
湖 南	0.86	1.29		10.73	12.93		54.49	40.53		5.08	3.13	
广 东	0.52	0.85		15.18	8.34		121.63	27.50		8.01	3.30	
广 西	0.60	0.81		12.70	19.34		66.82	58.97		5.26	3.05	
海 南	1.25	15.38		13.25	10.53		54.09	39.94		4.08	3.79	
重 庆	0.44	0.66		20.14	14.78		117.52	42.82		5.83	2.90	
四 川	0.65	1.56		13.49	8.63		66.48	26.66		4.93	3.09	
贵 州	0.34	8.34		17.16	8.29		151.33	38.26		8.82	4.62	
云 南	0.22	0.44		27.13	16.52		218.88	37.20		8.07	2.25	
西 藏	0.28	0.46		21.35	11.53		59.20	25.32		2.77	2.20	
陕 西	0.29	0.99		18.23	6.93		115.93	72.15		6.36	10.42	
甘 肃	0.26	0.28		27.45	12.64		183.02	48.55		6.67	3.84	
青 海	0.21	0.26		16.02	12.85		65.60	39.21		4.09	3.05	
宁 夏	0.31			14.33			111.00			7.74		
新 疆	2.99	1.29	40.50	2.63	5.42	1.16	8.65	14.00	4.00	3.29	2.58	3.45
兵 团	0.12			16.82			145.97			8.68		

各地区使用《中国标准书号》各类图书的平均印数、平均印张、平均定价和平均印张定价（续表12）

N 自然科学总论

	平均印数（万册/种）			平均印张（印张/册）			平均定价（元/册）			平均印张定价（元/印张）		
	新版	重印	租型	新版	重印	租型	新版	重印	租型	新版	重印	租型
全国总计	0.69	1.21		10.46	12.82		53.05	56.09		5.07	4.37	
中 央	0.61	0.62		13.39	27.82		63.48	129.99		4.74	4.67	
地 方	0.76	2.06		8.58	6.23		46.39	23.62		5.41	3.79	
北 京	2.45	2.57		3.25	11.47		20.45	26.95		6.29	2.35	
天 津	2.95	0.44		7.80	12.97		44.43	90.39		5.70	6.97	
河 北	0.30			11.51			39.50			3.43		
山 西	0.40			9.91			29.75			3.00		
内 蒙 古												
辽 宁	0.65	0.07		10.72	16.00		33.19	40.38		3.10	2.52	
吉 林	0.44	2.48		6.65	6.66		39.57	25.74		5.95	3.87	
黑 龙 江	0.80			8.49			100.40			11.82		
上 海	0.41	0.29		12.16	15.80		55.14	38.71		4.53	2.45	
江 苏	0.46	0.47		9.15	10.72		52.86	58.76		5.78	5.48	
浙 江	0.75	0.96		19.24	17.78		100.42	41.03		5.22	2.31	
安 徽	0.39	5.25		4.40	1.00		52.07	6.07		11.82	6.07	
福 建	0.38	0.50		7.45	10.59		45.29	58.00		6.08	5.48	
江 西	0.83	1.40		9.68	10.79		32.78	31.85		3.39	2.95	
山 东	0.35	5.50		14.00	7.87		55.29	37.96		3.95	4.82	
河 南	0.05	0.51		9.29	6.50		25.80	25.00		2.78	3.85	
湖 北	0.57	10.88		12.80	3.30		40.90	11.69		3.19	3.54	
湖 南	1.48	5.64		8.63	5.04		42.45	16.69		4.92	3.31	
广 东	0.30	0.28		10.30	6.79		51.82	34.55		5.03	5.09	
广 西	0.84	1.94		6.82	12.60		57.18	53.11		8.38	4.21	
海 南	0.40			10.00			68.00			6.80		
重 庆	0.60	0.24		14.44	15.03		114.78	60.68		7.95	4.04	
四 川	1.16	0.48		10.36	7.58		42.09	28.58		4.06	3.77	
贵 州	0.50	10.43		16.11	4.37		59.80	28.86		3.71	6.60	
云 南	0.05	0.50		9.57	4.63		58.00	24.80		6.06	5.36	
西 藏												
陕 西	0.35	1.07		3.47	3.79		59.25	64.49		17.06	17.02	
甘 肃	0.07			11.81			30.15			2.55		
青 海		0.30			6.30			20.00			3.18	
宁 夏												
新 疆	0.58	0.52		5.01	9.00		23.62	19.40		4.72	2.16	
兵 团												

各地区使用《中国标准书号》各类图书的平均印数、平均印张、平均定价和平均印张定价（续表13）

O 数理科学、化学

	平均印数（万册/种）			平均印张（印张/册）			平均定价（元/册）			平均印张定价（元/印张）		
	新版	重印	租型	新版	重印	租型	新版	重印	租型	新版	重印	租型
全国总计	0.68	0.55		12.00	14.20		41.67	33.31		3.47	2.35	
中　　央	0.78	0.45		13.20	18.22		41.68	40.27		3.16	2.21	
地　　方	0.56	0.84		9.90	8.06		41.64	22.67		4.21	2.81	
北　　京	2.37	3.56		4.36	8.89		30.61	25.52		7.02	2.87	
天　　津	0.35	2.80		11.83	3.38		60.85	11.35		5.14	3.35	
河　　北	0.11			13.29			47.55			3.58		
山　　西	0.51			7.56			25.00			3.31		
内 蒙 古	0.05	0.14		33.12	26.48		60.29	29.86		1.82	1.13	
辽　　宁	0.19	0.29		13.81	14.93		38.36	34.42		2.78	2.31	
吉　　林	0.20	1.49		12.34	4.73		42.70	21.17		3.46	4.48	
黑 龙 江	0.19	0.19		18.28	18.41		64.30	41.87		3.52	2.27	
上　　海	0.38	0.35		18.09	18.38		51.09	38.56		2.82	2.10	
江　　苏	0.54	0.33		13.96	13.16		51.47	39.94		3.69	3.04	
浙　　江	0.42	0.42		14.58	17.65		41.42	35.17		2.84	1.99	
安　　徽	0.33	0.38		13.53	17.14		48.37	43.73		3.57	2.55	
福　　建	0.26	0.23		16.47	18.17		58.14	37.39		3.53	2.06	
江　　西	1.45	1.13		10.33	10.25		32.83	29.92		3.18	2.92	
山　　东	0.16	0.63		14.68	14.97		36.88	27.73		2.51	1.85	
河　　南	0.52	0.25		7.40	15.12		32.54	30.29		4.40	2.00	
湖　　北	0.47	1.86		11.96	4.80		35.86	15.09		3.00	3.15	
湖　　南	0.25	2.00		13.78	3.44		45.24	11.21		3.28	3.26	
广　　东	0.33	0.17		8.59	17.12		32.66	33.46		3.80	1.95	
广　　西	3.36	0.90		11.99	5.36		64.08	50.80		3.75	9.48	
海　　南	0.49	0.62		11.70	13.88		50.53	38.67		4.32	2.79	
重　　庆	0.49	0.38		9.94	13.13		37.61	45.55		3.78	3.47	
四　　川	1.65	0.36		3.73	10.06		32.16	28.57		8.62	2.84	
贵　　州	0.10	0.20		16.52	32.50		46.00	58.00		2.78	1.78	
云　　南	0.07	0.57		18.27	9.96		63.46	24.70		3.47	2.48	
西　　藏												
陕　　西	0.69	0.38		9.69	14.24		44.99	42.46		4.64	2.98	
甘　　肃	0.09	0.07		19.41	27.38		88.96	45.20		4.58	1.65	
青　　海												
宁　　夏	0.04			12.12			36.60			3.02		
新　　疆	0.73			8.81			19.25			2.19		
兵　　团												

各地区使用《中国标准书号》各类图书的平均印数、平均印张、平均定价和平均印张定价（续表14）

P 天文学、地球科学

	平均印数（万册/种）			平均印张（印张/册）			平均定价（元/册）			平均印张定价（元/张）		
	新版	重印	租型	新版	重印	租型	新版	重印	租型	新版	重印	租型
全国总计	**0.48**	**0.67**		**10.53**	**10.09**		**61.57**	**43.85**		**5.85**	**4.35**	
中　央	**0.36**	**0.49**		**11.76**	**12.84**		**70.74**	**47.80**		**6.02**	**3.72**	
地　方	**0.66**	**0.94**		**9.60**	**7.96**		**54.62**	**40.78**		**5.69**	**5.13**	
北　京	1.47	2.06		11.78	6.74		74.30	24.54		6.31	3.64	
天　津	1.17	0.36		5.78	6.34		33.47	27.27		5.79	4.30	
河　北	0.13	0.90		14.03	35.75		52.50	65.00		3.74	1.82	
山　西	0.51	0.52		7.96	10.15		32.21	40.08		4.05	3.95	
内蒙古	0.19	0.10		20.85	66.36		136.20	108.00		6.53	1.63	
辽　宁	0.62	0.30		4.32	8.38		35.21	24.00		8.15	2.87	
吉　林	0.31	0.75		7.33	7.65		29.09	39.28		3.97	5.14	
黑龙江	0.29	0.15		7.77	7.09		44.61	21.13		5.74	2.98	
上　海	1.02	0.32		9.79	18.11		76.50	47.03		7.82	2.60	
江　苏	0.35	0.42		14.00	10.70		63.35	68.85		4.52	6.43	
浙　江	0.69	0.97		18.56	13.71		104.97	58.47		5.66	4.26	
安　徽	0.24	0.90		9.69	4.93		69.86	11.14		7.21	2.26	
福　建	0.53	0.62		7.20	7.03		47.80	25.75		6.64	3.66	
江　西	1.19	2.03		9.60	11.07		38.37	32.41		4.00	2.93	
山　东	0.67	0.25		10.73	10.32		56.26	37.53		5.24	3.63	
河　南	0.75	0.33		9.54	14.52		39.17	35.90		4.11	2.47	
湖　北	0.18	0.63		14.84	9.53		78.70	27.02		5.30	2.84	
湖　南	0.49	1.76		18.35	9.53		93.49	28.57		5.10	3.00	
广　东	0.37	0.41		10.55	6.54		63.56	42.00		6.03	6.42	
广　西	1.12	1.23		3.66	5.38		32.22	40.25		8.80	7.48	
海　南	0.20	0.87		17.11	17.50		54.60	33.55		3.19	1.92	
重　庆	0.51	1.11		17.88	16.16		67.06	51.91		3.75	3.21	
四　川	2.00	0.40		7.47	8.28		35.99	30.15		4.82	3.64	
贵　州	0.05	3.10		17.00	7.49		798.00	36.54		46.94	4.88	
云　南	1.14	0.25		4.06	7.29		23.82	31.50		5.86	4.32	
西　藏	0.25	0.30		8.09	4.04		30.80	7.00		3.81	1.73	
陕　西	0.23	3.59		9.55	3.22		86.44	71.26		9.05	22.12	
甘　肃	0.75			9.64			38.22			3.96		
青　海	0.23	0.80		12.36	3.78		44.00	32.50		3.56	8.60	
宁　夏	0.05			6.68			52.47			7.86		
新　疆	0.65			6.45			20.12			3.12		
兵　团												

各地区使用《中国标准书号》各类图书的平均印数、平均印张、平均定价和平均印张定价（续表15）

Q 生物科学

	平均印数（万册/种）			平均印张（印张/册）			平均定价（元/册）			平均印张定价（元/印张）		
	新版	重印	租型	新版	重印	租型	新版	重印	租型	新版	重印	租型
全国总计	0.69	0.73		8.93	13.49		51.67	41.51		5.79	3.08	
中　央	0.43	0.53		13.87	19.49		77.58	50.05		5.59	2.57	
地　方	0.90	1.14		6.94	7.94		41.26	33.60		5.95	4.23	
北　京	0.75	3.12		6.81	9.37		49.54	23.11		7.27	2.47	
天　津	0.85	0.63		5.08	8.25		21.69	26.95		4.27	3.27	
河　北	0.21	0.55		12.06	4.64		44.01	32.36		3.65	6.98	
山　西	0.59			9.78			76.34			7.81		
内蒙古	0.19	0.04		13.39	18.32		122.65	29.90		9.16	1.63	
辽　宁	2.08	0.44		3.23	9.43		31.00	33.26		9.60	3.53	
吉　林	0.34	0.64		10.20	8.56		38.15	30.14		3.74	3.52	
黑龙江	0.64	0.05		4.85	4.77		34.33	22.47		7.08	4.71	
上　海	0.76	0.32		7.09	12.33		36.61	39.88		5.16	3.23	
江　苏	1.23	0.80		7.61	11.22		36.31	30.95		4.77	2.76	
浙　江	1.37	0.42		6.25	11.22		42.21	46.40		6.76	4.14	
安　徽	0.59	0.17		5.20	10.37		40.65	29.46		7.81	2.84	
福　建	0.51	0.30		10.22	9.39		55.64	39.57		5.45	4.21	
江　西	1.46	1.47		8.20	10.77		28.56	33.52		3.48	3.11	
山　东	0.51	0.53		10.04	5.67		80.85	32.50		8.05	5.73	
河　南	0.26	0.19		14.24	12.62		121.88	30.95		8.56	2.45	
湖　北	0.46	1.59		10.42	7.15		47.70	21.77		4.58	3.05	
湖　南	0.62	2.29		12.36	9.93		73.92	30.79		5.98	3.10	
广　东	0.47	1.91		7.34	3.24		54.29	20.22		7.40	6.25	
广　西	3.22	1.15		7.64	6.60		44.06	34.18		5.76	5.18	
海　南	0.31	0.91		9.87	6.21		66.18	34.25		6.71	5.51	
重　庆	0.62	0.29		15.87	14.09		120.66	62.09		7.60	4.41	
四　川	2.05	0.79		5.46	8.89		28.33	24.47		5.19	2.75	
贵　州	5.00	2.30		5.65	5.48		25.71	20.55		4.55	3.75	
云　南	0.42	0.43		8.61	5.25		79.98	24.76		9.29	4.72	
西　藏												
陕　西	0.26	2.40		7.20	3.57		54.28	78.13		7.53	21.90	
甘　肃	0.19	0.20		10.86	8.25		69.17	26.00		6.37	3.15	
青　海	0.15	0.30		24.73	6.30		272.76	20.00		11.03	3.18	
宁　夏	3.02			4.65			18.34			3.94		
新　疆	0.36			13.97			71.97			5.15		
兵　团	0.20			12.50			298.00			23.84		

各地区使用《中国标准书号》各类图书的平均印数、平均印张、平均定价和平均印张定价（续表16）

R 医药、卫生

	平均印数（万册/种） 新版	重印	租型	平均印张（印张/册） 新版	重印	租型	平均定价（元/册） 新版	重印	租型	平均印张定价（元/印张） 新版	重印	租型
全国总计	0.42	0.54	0.21	15.62	18.46	12.50	64.23	52.71	29.00	4.11	2.86	2.32
中 央	0.44	0.51		19.53	20.49		76.63	53.69		3.92	2.62	
地 方	0.40	0.64	0.21	11.17	13.40	12.50	50.10	50.26	29.00	4.49	3.75	2.32
北 京	0.50	1.11		13.50	11.97		93.15	52.25		6.90	4.36	
天 津	0.14	0.39		16.95	14.26		68.42	58.96		4.04	4.13	
河 北	0.11	0.37		15.25	13.42		79.76	50.33		5.23	3.75	
山 西	0.31	0.40		18.27	19.23		59.19	40.91		3.24	2.13	
内 蒙 古	0.11	0.10		21.53	28.20		86.52	67.40		4.02	2.39	
辽 宁	0.23	0.28		24.01	15.38		150.55	97.95		6.27	6.37	
吉 林	0.10	0.52		18.37	13.96		78.45	34.53		4.27	2.47	
黑 龙 江	0.06	0.13		11.50	9.54		54.16	41.79		4.71	4.38	
上 海	1.65	0.29		5.80	17.26		21.52	47.85		3.71	2.77	
江 苏	0.41	1.01		15.10	12.08		58.04	44.91		3.84	3.72	
浙 江	0.77	1.43		12.57	8.17		61.03	34.20		4.86	4.19	
安 徽	0.33	0.32		13.75	16.87		45.21	43.51		3.29	2.58	
福 建	0.50	1.25		11.82	17.11		61.53	44.84		5.21	2.62	
江 西	0.27	1.39		13.47	11.52		62.11	34.72		4.61	3.01	
山 东	0.28	0.55		17.14	18.13		90.66	58.29		5.29	3.22	
河 南	0.30	0.20		17.00	16.33		73.59	65.95		4.33	4.04	
湖 北	0.41	0.22		13.18	15.12		54.45	45.45		4.13	3.01	
湖 南	0.45	1.02		14.38	24.24		62.63	46.60		4.36	1.92	
广 东	0.33	0.53		13.25	10.50		62.19	34.57		4.69	3.29	
广 西	0.61	0.79	0.21	7.51	11.64	12.50	51.28	39.32	29.00	6.83	3.38	2.32
海 南	0.68	0.50		21.38	15.87		58.03	47.48		2.71	2.99	
重 庆	0.86	0.38		11.06	17.37		38.95	51.24		3.52	2.95	
四 川	0.45	1.03		17.33	17.40		108.10	41.07		6.24	2.36	
贵 州	0.20	0.07		7.63	19.03		27.31	91.83		3.58	4.82	
云 南	0.07	0.96		15.99	21.16		82.60	48.14		5.17	2.27	
西 藏	0.21	0.58		31.49	19.94		175.55	30.30		5.58	1.52	
陕 西	0.35	1.18		21.41	6.54		75.41	120.51		3.52	18.43	
甘 肃	0.14	0.21		16.45	10.80		69.26	20.45		4.21	1.89	
青 海	0.16	0.19		23.44	8.41		105.50	21.32		4.50	2.53	
宁 夏	0.10	0.10		18.99	21.75		54.83	45.00		2.89	2.07	
新 疆	0.20	0.14		6.81	6.85		23.90	14.75		3.51	2.15	
兵 团												

各地区使用《中国标准书号》各类图书的平均印数、平均印张、平均定价和平均印张定价（续表17）

S 农业科学

	平均印数（万册/种）			平均印张（印张/册）			平均定价（元/册）			平均印张定价（元/印张）		
	新版	重印	租型	新版	重印	租型	新版	重印	租型	新版	重印	租型
全国总计	0.24	0.37		11.41	11.02		58.11	33.10		5.09	3.00	
中　央	0.23	0.30		12.19	13.05		62.86	36.52		5.16	2.80	
地　方	0.26	0.60		10.35	7.73		51.77	27.54		5.00	3.56	
北　京	0.35	1.47		11.44	9.04		63.18	20.22		5.52	2.24	
天　津	0.08	0.17		16.03	9.74		71.48	39.24		4.46	4.03	
河　北	0.18	0.29		12.61	11.40		55.17	22.94		4.38	2.01	
山　西	0.17	0.32		19.59	10.89		81.24	29.20		4.15	2.68	
内蒙古	0.11	0.17		11.88	14.06		47.08	23.20		3.96	1.65	
辽　宁	0.46	0.20		7.54	26.61		39.06	62.73		5.18	2.36	
吉　林	0.08	0.30		10.38	8.45		41.10	16.32		3.96	1.93	
黑龙江	0.10	0.08		11.91	7.08		50.58	18.28		4.25	2.58	
上　海	0.40	0.24		9.43	23.49		47.10	62.23		4.99	2.65	
江　苏	0.56	0.49		6.93	7.85		31.59	29.06		4.56	3.70	
浙　江	0.35	0.31		15.67	8.45		98.53	24.30		6.29	2.88	
安　徽	0.49	0.29		7.55	13.17		34.62	41.20		4.59	3.13	
福　建	0.40	0.45		9.49	8.89		49.21	34.51		5.19	3.88	
江　西	0.87	3.06		9.89	7.22		33.04	15.44		3.34	2.14	
山　东	0.25	0.55		9.22	6.66		47.23	22.54		5.12	3.39	
河　南	0.18	1.02		12.37	6.63		69.83	19.02		5.65	2.87	
湖　北	0.23	0.42		12.45	12.62		66.54	44.95		5.35	3.56	
湖　南	0.33	1.10		11.19	6.94		42.11	20.97		3.76	3.02	
广　东	0.16	0.34		13.08	9.22		97.88	33.00		7.48	3.58	
广　西	0.33	1.20		9.90	5.96		57.98	30.95		5.85	5.19	
海　南	0.38			18.57			33.98			1.83		
重　庆	0.34	0.15		8.70	15.36		36.26	43.58		4.17	2.84	
四　川	0.20	0.48		11.66	9.92		59.51	24.72		5.10	2.49	
贵　州	0.10	1.51		13.58	4.81		80.65	16.15		5.94	3.36	
云　南	0.18	0.29		14.66	6.66		93.40	16.43		6.37	2.47	
西　藏	0.14			2.95			17.05			5.78		
陕　西	0.14	1.83		15.26	2.09		59.40	50.20		3.89	24.04	
甘　肃	0.23	0.75		11.02	7.88		56.12	27.57		5.09	3.50	
青　海	0.17	0.20		17.37	8.43		151.52	19.83		8.73	2.35	
宁　夏	0.26	0.20		11.35	28.65		55.24	68.00		4.87	2.37	
新　疆	0.35	0.71		6.01	8.07		22.68	19.61		3.77	2.43	
兵　团	0.05			11.38			49.80			4.38		

各地区使用《中国标准书号》各类图书的平均印数、平均印张、平均定价和平均印张定价（续表18）

T 工业技术

	平均印数（万册/种）新版	重印	租型	平均印张（印张/册）新版	重印	租型	平均定价（元/册）新版	重印	租型	平均印张定价（元/印张）新版	重印	租型
全国总计	0.34	0.31		17.03	17.77		67.01	45.52		3.93	2.56	
中　央	0.36	0.30		17.96	18.50		68.24	46.34		3.80	2.51	
地　方	0.28	0.37		14.59	14.94		63.76	42.34		4.37	2.83	
北　京	0.34	1.06		11.94	17.91		63.39	52.13		5.31	2.91	
天　津	0.20	0.40		13.77	18.41		63.81	51.01		4.63	2.77	
河　北	0.28	0.91		11.97	6.55		45.26	12.76		3.78	1.95	
山　西	0.10	0.53		18.30	17.84		94.13	51.43		5.14	2.88	
内蒙古	0.18	0.20		15.95	11.69		84.25	20.81		5.28	1.78	
辽　宁	0.26	0.27		17.36	14.21		83.31	40.87		4.80	2.88	
吉　林	0.11	1.22		11.51	9.38		48.78	18.41		4.24	1.96	
黑龙江	0.18	0.15		13.92	18.98		49.90	36.19		3.59	1.91	
上　海	0.40	0.36		14.74	19.07		67.13	43.77		4.56	2.30	
江　苏	0.31	0.35		13.54	14.36		64.38	40.92		4.76	2.85	
浙　江	0.45	0.18		15.14	17.09		76.45	46.72		5.05	2.73	
安　徽	0.23	0.21		16.98	16.51		85.69	38.63		5.05	2.34	
福　建	0.38	0.64		14.27	15.32		57.77	39.00		4.05	2.55	
江　西	0.37	0.47		15.28	13.38		71.24	33.36		4.66	2.49	
山　东	0.42	0.60		13.72	12.29		57.54	34.58		4.19	2.81	
河　南	0.21	0.26		13.36	12.89		60.52	39.54		4.53	3.07	
湖　北	0.26	0.25		18.04	17.45		81.79	45.75		4.53	2.62	
湖　南	0.35	0.46		15.03	12.67		55.76	37.06		3.71	2.93	
广　东	0.52	0.56		16.15	16.68		55.66	53.09		3.45	3.18	
广　西	0.42	1.56		13.72	7.42		94.60	44.80		6.89	6.04	
海　南	0.30	0.66		12.70	28.69		56.36	70.63		4.44	2.46	
重　庆	0.24	0.21		14.84	14.57		59.71	39.53		4.02	2.71	
四　川	0.25	0.37		13.70	12.12		48.73	37.95		3.56	3.13	
贵　州	0.46	1.60		7.59	5.30		31.62	16.81		4.17	3.17	
云　南	0.20	0.49		16.11	11.09		79.65	44.26		4.94	3.99	
西　藏	0.17			19.34			37.41			1.93		
陕　西	0.20	0.35		15.34	14.95		47.19	46.41		3.08	3.10	
甘　肃	0.27	0.38		9.11	12.30		40.35	32.08		4.43	2.61	
青　海	0.22			18.75			184.92			9.86		
宁　夏	0.11			22.04			103.47			4.69		
新　疆	0.89			5.67			15.15			2.67		
兵　团												

各地区使用《中国标准书号》各类图书的平均印数、平均印张、平均定价和平均印张定价（续表19）

U 交通运输

	平均印数（万册/种）			平均印张（印张/册）			平均定价（元/册）			平均印张定价（元/印张）		
	新版	重印	租型	新版	重印	租型	新版	重印	租型	新版	重印	租型
全国总计	**0.29**	**0.42**		**14.11**	**13.57**		**60.82**	**41.13**		**4.31**	**3.03**	
中 央	**0.31**	**0.40**		**14.79**	**14.20**		**63.94**	**40.33**		**4.32**	**2.84**	
地 方	**0.26**	**0.46**		**12.54**	**11.70**		**53.53**	**43.49**		**4.27**	**3.72**	
北 京	0.13	1.29		11.50	7.53		42.55	45.46		3.70	6.04	
天 津	0.40	0.15		3.70	11.72		26.31	33.21		7.11	2.83	
河 北	0.55	0.75		8.85	2.00		48.98	32.80		5.53	16.40	
山 西	0.52			62.95			169.94			2.70		
内蒙古												
辽 宁	0.31	0.23		13.88	18.38		54.65	52.60		3.94	2.86	
吉 林	0.06	0.46		15.46	11.34		50.37	35.75		3.26	3.15	
黑龙江	0.10	0.13		13.55	15.01		44.65	30.80		3.30	2.05	
上 海	0.32	0.37		15.95	18.62		55.41	40.37		3.47	2.17	
江 苏	0.35	0.30		12.28	13.45		51.90	76.82		4.23	5.71	
浙 江	1.35	4.30		4.84	6.16		15.39	18.58		3.18	3.02	
安 徽	1.36	0.14		2.81	16.08		44.51	37.06		15.86	2.31	
福 建	0.71	0.10		7.88	9.71		187.82	38.00		23.82	3.91	
江 西	0.09			18.69			58.09			3.11		
山 东	0.15	0.29		8.79	13.10		40.16	35.19		4.57	2.69	
河 南	0.18	0.15		11.19	5.89		34.06	20.67		3.04	3.51	
湖 北	0.16	0.15		12.55	17.37		60.24	50.16		4.80	2.89	
湖 南	0.46	0.43		8.69	12.83		46.64	33.66		5.36	2.62	
广 东	0.12	0.59		17.29	14.38		229.12	43.09		13.25	3.00	
广 西	0.43	2.96		11.57	1.93		57.85	64.31		5.00	33.39	
海 南	0.07			11.50			30.00			2.61		
重 庆	0.19	1.28		12.94	12.06		50.94	38.28		3.94	3.17	
四 川	0.24	0.25		14.30	14.84		50.35	38.16		3.52	2.57	
贵 州	0.48			12.00			128.00			10.67		
云 南	0.11	0.15		11.22	16.50		45.61	33.00		4.07	2.00	
西 藏												
陕 西	0.21	1.95		9.32	4.13		78.69	63.40		8.44	15.35	
甘 肃												
青 海												
宁 夏	0.03			23.62			68.00			2.88		
新 疆	1.30	0.20		5.98	14.38		16.63	65.00		2.78	4.52	
兵 团												

各地区使用《中国标准书号》各类图书的平均印数、平均印张、平均定价和平均印张定价（续表20）

V 航空、航天

	平均印数（万册/种）			平均印张（印张/册）			平均定价（元/册）			平均印张定价（元/张）		
	新版	重印	租型	新版	重印	租型	新版	重印	租型	新版	重印	租型
全国总计	0.30	0.37		10.97	12.65		68.77	48.24		6.27	3.81	
中　　央	0.23	0.23		13.41	17.28		82.65	50.63		6.17	2.93	
地　　方	0.47	0.65		8.03	9.49		52.05	46.60		6.48	4.91	
北　　京	1.44	1.83		5.57	6.88		51.00	26.25		9.16	3.81	
天　　津	0.84	1.65		2.66	3.27		25.81	55.44		9.70	16.96	
河　　北												
山　　西												
内 蒙 古												
辽　　宁	0.25	0.32		16.85	15.44		57.87	85.00		3.43	5.51	
吉　　林	0.27			10.27			95.79			9.33		
黑 龙 江	0.17	0.05		17.14	14.38		108.17	24.80		6.31	1.73	
上　　海	0.33	0.27		11.72	27.98		83.37	163.65		7.11	5.85	
江　　苏	0.28	0.49		11.96	8.27		67.57	29.87		5.65	3.61	
浙　　江	0.73	0.60		10.35	18.81		29.83	40.00		2.88	2.13	
安　　徽	0.48	0.20		5.16	1.75		39.07	19.00		7.57	10.86	
福　　建	1.40			6.48			25.00			3.86		
江　　西	0.10	1.63		6.15	11.80		26.50	28.85		4.31	2.44	
山　　东												
河　　南												
湖　　北	0.05	0.30		11.25	18.50		29.00	58.00		2.58	3.14	
湖　　南	0.61	0.20		5.91	6.63		34.26	20.23		5.80	3.05	
广　　东	0.40			1.85			35.55			19.17		
广　　西	0.60	2.58		8.88	2.50		107.33	58.01		12.09	23.17	
海　　南	0.12			7.96			64.61			8.12		
重　　庆												
四　　川	0.30	0.45		7.63	17.47		49.86	47.75		6.53	2.73	
贵　　州												
云　　南	0.65	0.50		6.65	4.00		33.67	24.80		5.07	6.20	
西　　藏												
陕　　西	0.31	0.28		13.80	10.76		48.10	55.84		3.49	5.19	
甘　　肃												
青　　海												
宁　　夏												
新　　疆												
兵　　团												

各地区使用《中国标准书号》各类图书的平均印数、平均印张、平均定价和平均印张定价（续表21）

X 环境科学

	平均印数（万册/种）			平均印张（印张/册）			平均定价（元/册）			平均印张定价（元/印张）		
	新版	重印	租型	新版	重印	租型	新版	重印	租型	新版	重印	租型
全国总计	0.62	0.43		8.21	11.60		33.21	33.40		4.04	2.88	
中　　央	0.43	0.30		12.21	15.02		50.95	38.17		4.17	2.54	
地　　方	0.95	0.87		4.95	7.76		18.74	28.04		3.78	3.61	
北　　京	0.20	1.29		9.31	11.37		44.59	29.14		4.79	2.56	
天　　津	0.21	1.62		9.30	9.47		51.59	28.74		5.55	3.04	
河　　北	0.90			3.23			32.32			10.00		
山　　西	0.04	0.49		6.53	10.39		47.66	44.77		7.30	4.31	
内 蒙 古	0.12			21.38			72.30			3.38		
辽　　宁	1.05	0.61		7.39	6.77		21.68	43.10		2.93	6.36	
吉　　林	0.11	0.91		9.65	9.00		49.21	28.09		5.10	3.12	
黑 龙 江	0.08	0.20		10.52	24.26		46.70	38.00		4.44	1.57	
上　　海	0.67	1.56		8.54	7.42		33.55	19.45		3.93	2.62	
江　　苏	0.36	0.66		6.67	6.26		29.00	24.26		4.35	3.88	
浙　　江	8.58	0.42		1.68	9.16		6.39	29.18		3.81	3.19	
安　　徽	0.49	0.43		8.77	8.19		31.97	22.27		3.64	2.72	
福　　建	9.42	1.13		4.23	2.55		11.26	12.99		2.66	5.10	
江　　西	2.62	2.25		4.44	10.34		14.19	31.67		3.19	3.06	
山　　东	0.32	0.78		7.89	0.88		39.46	10.48		5.00	11.92	
河　　南	0.25	0.50		13.80	49.50		60.95	200.00		4.42	4.04	
湖　　北	0.12	0.16		13.96	17.07		53.94	37.95		3.86	2.22	
湖　　南	0.84	1.54		3.12	10.96		42.25	45.23		13.54	4.13	
广　　东	0.47	0.43		15.04	5.42		45.58	25.94		3.03	4.79	
广　　西	0.53	2.96		5.80	2.70		19.06	29.75		3.29	11.04	
海　　南	0.19			11.14			36.76			3.30		
重　　庆	0.12	0.38		11.27	13.72		39.35	40.47		3.49	2.95	
四　　川	0.28	1.05		7.87	6.50		40.24	16.50		5.11	2.54	
贵　　州	0.68	0.65		5.25	5.56		18.50	14.80		3.52	2.66	
云　　南	0.30			5.77			35.10			6.09		
西　　藏	0.28			14.34			46.36			3.23		
陕　　西	1.20	0.78		5.81	7.06		23.55	64.35		4.05	9.12	
甘　　肃	0.11			11.81			65.56			5.55		
青　　海	0.18			10.14			165.00			16.27		
宁　　夏	0.12			15.43			47.96			3.11		
新　　疆	0.42			8.68			19.42			2.24		
兵　　团												

各地区使用《中国标准书号》各类图书的平均印数、平均印张、平均定价和平均印张定价（续表22）

Z 综合性图书

	平均印数（万册/种）新版	重印	租型	平均印张（印张/册）新版	重印	租型	平均定价（元/册）新版	重印	租型	平均印张定价（元/印张）新版	重印	租型
全国总计	0.37	2.54		12.65	6.49		90.99	28.35		7.19	4.37	
中　央	0.58	2.28		9.68	8.64		79.61	43.39		8.22	5.02	
地　方	0.26	2.67		15.81	5.61		103.15	22.21		6.52	3.96	
北　京	0.85	2.08		10.81	15.08		52.39	30.54		4.85	2.03	
天　津	0.15	0.48		21.26	18.30		156.90	96.10		7.38	5.25	
河　北	0.12			27.81			241.32			8.68		
山　西	0.13	0.52		23.74	22.26		158.17	43.01		6.66	1.93	
内 蒙 古	0.09	0.30		44.48	14.82		215.40	56.00		4.84	3.78	
辽　宁	0.17	0.87		16.36	10.30		73.71	29.18		4.51	2.83	
吉　林	0.21	0.95		10.76	11.28		51.24	32.59		4.76	2.89	
黑 龙 江	0.17	0.05		20.65	11.00		82.75	34.35		4.01	3.12	
上　海	0.54	0.87		12.88	14.58		76.36	41.24		5.93	2.83	
江　苏	0.43	1.76		14.26	4.11		84.65	49.18		5.94	11.96	
浙　江	0.33	0.50		9.47	14.01		50.83	40.10		5.37	2.86	
安　徽	0.59	1.19		10.58	9.79		48.18	25.52		4.55	2.61	
福　建	0.24	0.44		13.82	14.14		109.85	45.61		7.95	3.23	
江　西	0.55	1.58		14.27	10.62		63.35	31.72		4.44	2.99	
山　东	0.30	0.86		16.75	5.59		246.49	27.46		14.72	4.91	
河　南	0.10	0.81		32.67	10.76		254.29	24.71		7.78	2.30	
湖　北	0.32	4.54		13.39	4.08		55.13	17.90		4.12	4.39	
湖　南	1.82	0.95		4.72	11.30		27.64	47.08		5.86	4.17	
广　东	0.19	0.80		21.16	20.43		147.74	389.71		6.98	19.08	
广　西	0.71	1.45		17.18	7.80		117.82	71.76		6.86	9.20	
海　南	0.11	1.00		20.24	21.75		138.01	36.30		6.82	1.67	
重　庆	0.11	0.32		35.95	7.58		320.49	20.00		8.91	2.64	
四　川	0.24	1.22		15.86	12.01		112.65	42.08		7.10	3.50	
贵　州	1.79	39.98		5.68	2.00		16.15	7.50		2.84	3.75	
云　南	0.17	0.38		18.82	20.63		137.30	76.74		7.30	3.72	
西　藏	0.12	7.46		22.43	5.94		159.50	7.09		7.11	1.19	
陕　西	0.10	1.09		22.82	3.86		155.66	63.14		6.82	16.37	
甘　肃	0.11	0.31		24.63	16.00		151.33	53.82		6.14	3.36	
青　海	0.07			28.57			189.08			6.62		
宁　夏	0.12			26.77			198.72			7.42		
新　疆	0.12	0.30		33.36	4.88		195.01	12.00		5.85	2.46	
兵　团	0.08			22.55			235.62			10.45		

各类课本的平均印数、平均印张、平均定价和平均印张定价

	平均印数（万册/种）			平均印张（印张/册）			平均定价（元/册）			平均印张定价（元/印张）		
	新版	重印	租型	新版	重印	租型	新版	重印	租型	新版	重印	租型
课 本 合 计	1.30	2.59	20.34	9.18	8.24	7.24	19.82	13.44	7.54	2.16	1.63	1.04
（1）大专及以上课本	0.39	0.52		17.20	18.37		46.07	41.16		2.68	2.24	
（2）中专、技校课本	0.85	1.02		13.49	13.09		30.68	26.20		2.27	2.00	
（3）中学课本	8.34	15.06	19.28	7.43	7.23	8.16	9.04	8.03	8.29	1.22	1.11	1.02
（4）小学课本	17.34	16.05	22.88	4.04	4.82	6.15	5.96	6.56	6.64	1.47	1.36	1.08
（5）业余教育课本	1.03	0.86		25.83	15.78		71.27	39.30		2.76	2.49	
（6）扫盲课本	0.30	0.15		4.25	5.69		25.00	11.70		5.88	2.06	
（7）教学用书	0.73	0.70	0.30	15.83	15.93	12.54	43.95	40.44	37.89	2.78	2.54	3.02

全国少数民族文字图书出版数量与上年相比增减百分比

	图书总计			使用《中国标准书号》部分							
	种数		印数	印张	书籍				课本			
	合计	新版			种数		印数	印张	种数		印数	印张
					合计	新版			合计	新版		
全国总计	−11.77	−16.92	−18.18	−4.06	−12.01	−18.93	−16.29	14.40	−11.70	0.75	−19.98	−23.21
中 央	6.77	−20.50	−44.41	−5.37	0.79	−21.94	−46.39	−6.45	111.76	−25.00	100.00	35.56
地 方	−12.86	−16.51	−16.56	−3.93	−13.04	−18.57	−12.32	18.66	−12.74	1.95	−20.16	−23.47

续表

| | 不使用《中国标准书号》部分——图片合计 ||||
| | 种数 || 印数 | 印张 |
	合计	新版		
全国总计				
中 央				
地 方				

全国少数民族文字

	图书总计				书籍			
	种数（种）		印数	印张	种数（种）		印数	印张
	合计	新版	（万册、张）	（千印张）	合计	新版	（万册、张）	（千印张）
全国合计	6312	2632	4164	410893	4505	2351	2092	249770
中　　央	426	256	164	35914	385	242	156	34626
地　　方	5886	2376	4000	374979	4120	2109	1936	215144
内 蒙 古	2314	787	1617	131094	1484	694	737	62856
辽　　宁	167	76	34	2720	133	63	28	2199
吉　　林	794	296	199	15890	529	261	128	10016
黑 龙 江	77	63	11	1568	77	63	11	1568
广　　西	46	15	50	2226	25	14	17	818
四　　川	718	181	499	56458	485	164	172	27147
贵　　州	16	16	2	374	16	16	2	374
云　　南	189	184	41	4402	144	139	32	3775
西　　藏	551	251	472	42363	440	239	227	24061
甘　　肃	413	202	144	18190	408	197	140	18042
青　　海	236	68	263	21103	112	66	36	3545
新　　疆	365	237	668	78591	267	193	406	60743

注：本年出版少数民族文字图书的文种有：布依文、朝鲜文、傣文、德宏傣文、侗文、规范彝文、哈尼文、哈萨克文、景颇藏文、壮文等20余种。

图书出版数量

准书号》部分		课本		不使用《中国标准书号》部分——图片合计				附：活页文选、影印书等用纸	
种数（种）		印数（万册、张）	印张（千印张）	种数（种）		印数（万册、张）	印张（千印张）	印数（万册、张）	印张（千印张）
合计	新版			合计	新版				
1796	**270**	**2067**	**160952**	**11**	**11**	**3**	**45**	**2**	**126**
36	**9**	**8**	**1277**	**5**	**5**		**11**		
1760	**261**	**2059**	**159675**	**6**	**6**	**3**	**34**	**2**	**126**
830	93	880	68238						
33	12	6	518	1	1		3		
265	35	71	5874						
21	1	33	1408						
233	17	327	29311						
45	45	8	618					1	9
111	12	245	18302						
				5	5	3	31	1	117
124	2	227	17558						
98	44	262	17848						

文、柯尔克孜文、拉祜文、傈僳文、满文、蒙古文、苗文、纳西文、佤文、维吾尔文、西双版纳文、锡伯文、瑶文、载佤文、

二、期刊出版

全国各地区各类期刊

	合计 种数（种）	合计 平均期印数（万册）	合计 总印数（万册）	合计 总印张（千印张）	合计 总金额（万元）	种数（种）
全国总计	10171	11957.32	218928	12126593	2198286	360
中　央	3092	5182.90	76126	5204258	949140	66
地　方	7079	6774.41	142802	6922335	1249146	294
北　京	174	143.48	2535	164541	31527	2
天　津	252	155.87	2861	134058	30877	3
河　北	227	188.61	4213	203493	33604	10
山　西	202	109.03	2088	130870	23793	3
内　蒙　古	152	64.80	1142	58741	7862	3
辽　宁	322	375.73	6791	300058	48656	6
吉　林	240	162.44	5019	239538	38806	3
黑　龙　江	315	152.56	3050	173379	26805	8
上　海	641	477.10	7383	377501	78367	14
江　苏	476	324.53	10791	474535	108614	16
浙　江	235	486.64	7010	299250	54246	21
安　徽	186	201.62	3742	169958	32714	25
福　建	174	140.16	2158	112603	20488	7
江　西	166	276.24	7589	234644	47156	6
山　东	277	350.34	7871	344894	54199	17
河　南	247	294.06	7752	365962	58053	21
湖　北	430	462.48	10449	514356	86066	21
湖　南	260	418.16	9451	470429	83966	13
广　东	387	495.46	10480	539431	89992	27
广　西	181	160.61	3644	159048	29307	12
海　南	43	32.92	534	37312	6599	2
重　庆	142	170.99	3711	195781	41424	4
四　川	364	281.81	5231	287782	60694	14
贵　州	93	65.40	1668	93566	15533	6
云　南	129	133.46	2226	105428	17401	6
西　藏	39	21.29	244	14750	2409	1
陕　西	287	145.43	3115	177669	35192	6
甘　肃	131	361.27	8038	434242	68823	7
青　海	54	15.91	268	14953	2144	
宁　夏	37	20.44	445	30268	5976	1
新　疆	199	74.53	1174	57446	6465	8
兵　团	17	11.04	130	5851	1387	1

注：含高校学报、公报、政报、年鉴1610种，平均期印数305万册，总印数3768万册，总印张763470千印张。

出版数量

	综	合			哲学、社会科学			
平均期印数（万册）	总印数（万册）	总印张（千印张）	总金额（万元）	种数（种）	平均期印数（万册）	总印数（万册）	总印张（千印张）	总金额（万元）
668.23	14315	762758	133310	2683	6624.59	111473	5751340	1039145
84.12	1763	121727	24311	932	3850.34	55877	3040257	586227
584.10	12552	641031	108999	1751	2774.24	55596	2711083	452918
0.15	0.40	75	32	51	60.53	1148	64431	11939
0.25	2	190	20	50	51.76	1117	48804	8916
2.34	28	1618	550	59	89.58	1694	83636	12324
1.05	33	2479	817	53	49.84	786	44628	8529
1.15	13	899	221	51	44.09	737	34199	4459
4.08	32	2148	388	73	220.36	4492	190276	28176
1.34	23	1608	409	62	53.46	1578	77178	11468
1.85	17	1414	293	74	79.27	1447	81784	12426
5.87	50	3692	909	146	161.94	2893	138515	27292
2.59	25	2478	636	105	130.21	4316	192685	42681
3.10	22	1422	260	49	116.17	1803	98434	17496
2.65	17	1417	338	35	65.92	1179	52967	9449
4.01	45	1918	561	54	89.75	1397	64801	11430
2.62	57	3911	990	49	84.05	1875	72908	13005
7.58	226	10394	2106	78	192.63	2794	171735	22960
2.54	15	1365	240	68	142.73	3358	179970	27706
186.07	4030	166016	27193	105	134.40	3355	147780	26290
1.23	8	756	102	53	120.33	2307	107483	16783
19.36	334	19574	5046	99	223.23	4865	241643	34799
4.35	89	4969	982	48	70.45	1275	61231	9048
8.20	96	9670	1792	14	8.67	103	5511	1096
1.30	20	1965	630	33	115.10	1995	92002	17703
21.84	660	17563	4898	75	134.77	2415	135005	24834
1.28	10	877	288	29	42.10	1158	74138	11623
1.72	27	2164	631	40	85.13	1138	49048	6994
0.30	1	104	6	13	11.18	98	4424	713
1.48	14	1335	340	56	66.20	1598	81313	14362
272.96	6413	363335	58057	33	65.16	1267	47277	7048
				20	7.99	152	5938	946
0.27	3	400	117	14	14.00	356	22280	4052
20.58	243	15267	147	56	39.06	819	35145	5583
0.03	0.10	9	1	6	4.20	84	3913	788

全国各地区各类期刊

	种数（种）	平均期印数（万册）	总印数（万册）	总印张（千印张）	总金额（万元）	种数（种）	平均期印数（万册）
	\multicolumn{5}{c}{自然科学、技术}		
全国总计	5062	1891.57	27758	2401778	408481	1398	2156.66
中　央	1590	713.81	9069	1295493	195303	359	413.81
地　方	3472	1177.76	18690	1106285	213179	1039	1742.85
北　京	76	24.98	328	26408	5616	33	46.96
天　津	145	49.65	672	38922	9319	32	25.92
河　北	109	45.25	738	50472	9639	35	43.79
山　西	92	22.15	244	20374	3340	34	23.27
内蒙古	51	10.82	244	14696	1883	24	4.33
辽　宁	180	66.32	781	48126	9724	45	80.70
吉　林	104	16.60	214	19144	3778	45	31.93
黑龙江	162	38.20	793	39199	5814	53	23.52
上　海	361	116.03	1354	95536	21359	78	89.01
江　苏	264	93.85	1888	86341	18218	62	68.07
浙　江	117	40.15	412	24604	4895	31	313.18
安　徽	88	39.64	649	38032	5041	26	76.50
福　建	71	22.94	213	19935	3835	31	16.98
江　西	69	14.65	184	10263	1744	32	167.40
山　东	135	37.41	489	30063	5879	30	83.37
河　南	114	35.16	867	38590	7721	24	89.24
湖　北	211	58.34	761	60493	12488	63	42.18
湖　南	134	68.26	916	46859	8327	45	209.63
广　东	181	180.62	3911	195977	32693	48	57.72
广　西	76	32.51	585	28809	6089	29	49.06
海　南	14	3.77	76	4773	756	10	10.66
重　庆	83	20.58	373	28917	6245	19	33.12
四　川	212	50.27	631	53501	10462	45	68.51
贵　州	35	6.19	62	4802	1042	16	13.70
云　南	51	13.86	261	13578	2925	20	15.95
西　藏	8	1.78	7	415	62	12	7.18
陕　西	174	43.96	847	52511	11598	37	26.99
甘　肃	65	9.56	87	7928	1516	20	12.53
青　海	18	1.95	10	660	105	8	3.95
宁　夏	11	2.57	27	2215	425	7	2.73
新　疆	55	7.92	52	3279	506	44	4.74
兵　团	6	1.83	16	863	139	1	0.06

出版数量（续表）

文化、教育			文学、艺术				
总印数（万册）	总印张（千印张）	总金额（万元）	种数（种）	平均期印数（万册）	总印数（万册）	总印张（千印张）	总金额（万元）
51664	2466975	470918	668	616.27	13717	743742	146431
7235	593885	106925	145	120.82	2183	152897	36374
44430	1873091	363993	523	495.45	11535	590845	110058
910	58062	10940	12	10.85	149	15566	3000
531	20091	5032	22	28.29	539	26051	7590
1615	57906	9697	14	7.65	139	9861	1394
812	51377	8519	20	12.72	213	12011	2588
105	5909	845	23	4.42	43	3038	455
1419	54876	9363	18	4.27	67	4633	1004
891	35219	7346	26	59.12	2314	106388	15806
650	41328	7076	18	9.72	143	9654	1197
1230	60582	14473	42	104.25	1857	79176	14334
3724	156009	36578	29	29.82	838	37022	10501
4485	160035	28002	17	14.05	289	14756	3593
1600	57821	10413	12	16.91	297	19721	7474
405	20303	3695	11	6.48	97	5645	967
5282	139473	29748	10	7.52	192	8088	1669
3533	109854	18416	17	29.35	829	22848	4839
2775	112116	15873	20	24.40	737	33921	6514
959	48497	8484	30	41.49	1346	91569	11611
5719	287366	54557	15	18.72	501	27966	4196
1194	67470	14448	32	14.53	176	14766	3006
1664	61772	12774	16	4.24	32	2267	414
246	16127	2750	3	1.62	13	1231	204
1317	72511	16789	3	0.89	7	385	57
1442	75113	19391	18	6.41	83	6600	1109
403	10176	1957	7	2.13	34	3573	623
426	21382	3798	12	16.80	373	19255	3053
134	9550	1595	5	0.85	4	257	33
513	33310	7043	14	6.80	144	9199	1849
264	15109	2129	6	1.06	7	595	73
85	6660	848	8	2.02	20	1694	245
50	4386	1288	4	0.88	9	987	94
49	2680	123	36	2.24	12	1074	107
0.36	19	2	3	4.93	30	1048	457

全国各地区少儿期刊、画刊出版数量

	少儿期刊					画刊				
	种数（种）	平均期印数（万册）	总印数（万册）	总印张（千印张）	总金额（万元）	种数（种）	平均期印数（万册）	总印数（万册）	总印张（千印张）	总金额（万元）
全国总计	206	1371.16	37945	1169546	296211	54	46.28	721	52284	14414
中　　央	33	237.34	6398	172215	64044	20	22.39	295	26174	5384
地　　方	173	1133.82	31547	997331	232167	34	23.89	426	26109	9030
北　　京	4	7.89	108	5239	1505					
天　　津	8	14.14	409	12469	5225	1	0.66	4	276	78
河　　北	3	20.35	778	17850	3598	2	1.50	24	1225	492
山　　西	4	3.88	77	2849	716	1	0.90	32	2400	806
内 蒙 古	5	10.05	222	8903	1165	1	0.25	2	90	36
辽　　宁	7	34.52	596	16813	4828					
吉　　林	5	3.52	104	4092	1024	1	0.35	4	325	126
黑 龙 江	8	15.29	387	16324	2809	2	1.50	13	1972	250
上　　海	21	63.12	1290	37793	12270	1	0.25	2	75	23
江　　苏	11	64.80	3967	131538	39170	1	2.13	102	3486	2024
浙　　江	9	256.07	3375	89596	19312	2	1.10	13	639	163
安　　徽	9	72.72	1409	37753	8665	1	0.50	6	330	168
福　　建	3	7.77	280	9379	2368	1	0.28	3	208	67
江　　西	8	55.10	1355	33980	7728	2	1.80	40	2950	995
山　　东	6	83.36	3411	82443	15639					
河　　南	4	7.15	307	10531	3169					
湖　　北	5	101.42	3778	116081	22806	2	1.08	37	2344	934
湖　　南	8	112.22	3322	142497	27647	1	0.48	5	581	95
广　　东	10	50.14	1454	42691	11666	3	3.30	57	4081	1076
广　　西	8	24.64	909	25950	6809	2	0.81	10	518	162
海　　南										
重　　庆	2	11.03	529	23775	6351					
四　　川	8	36.55	861	36895	8965	1	0.37	4	330	111
贵　　州						1	0.15	5	267	82
云　　南	3	18.91	503	23448	4327	1	1.20	24	1860	600
西　　藏	1	1.37	33	986	263					
陕　　西	5	26.31	1012	36801	8559	2	1.02	12	1150	240
甘　　肃	3	25.73	841	22937	3714					
青　　海	1	1.80	86	2722	432					
宁　　夏						1	0.27	3	400	117
新　　疆	4	3.99	144	4996	1436	3				
兵　　团						1	4.00	24	605	384

各类期刊占期刊出版总数的百分比

	种数	总印数	总印张	总金额
综　　　合	3.54	6.54	6.29	6.06
哲学、社会科学	26.38	50.92	47.43	47.27
自然科学、技术	49.77	12.68	19.81	18.58
文　化、教　育	13.74	23.60	20.34	21.42
文　学、艺　术	6.57	6.27	6.13	6.66
少 儿 期 刊	2.03	17.33	9.64	13.47
画　　　刊	0.53	0.33	0.43	0.66
动 漫 期 刊	0.31	1.08	0.98	0.94

主要刊期的期刊出版数量

	月刊 种数（种）	月刊 平均期印数（万册）	月刊 总印数（万册）	月刊 总印张（千印张）	月刊 总金额（万元）	双月刊 种数（种）	双月刊 平均期印数（万册）	双月刊 总印数（万册）	双月刊 总印张（千印张）	双月刊 总金额（万元）	季刊 种数（种）	季刊 平均期印数（万册）	季刊 总印数（万册）	季刊 总印张（千印张）	季刊 总金额（万元）
全国总计	3478	5052	60645	3678593	710837	3494	851	5126	415347	96224	1261	468	1870	80200	21718
中 央	1384	2257	27101	1803300	376871	763	281	1690	131877	39963	297	344	1377	44802	14015
地 方	2094	2794	33543	1875293	333966	2731	570	3435	283470	56261	964	124	492	35398	7703
北 京	74	98	1174	77915	16121	45	9	57	4884	1130	23	2	9	701	165
天 津	91	62	742	49534	9696	91	22	127	9810	1891	23	3	13	894	288
河 北	54	75	904	52453	8806	72	12	74	6236	1090	39	5	19	1519	204
山 西	56	49	579	36668	7299	71	15	89	7306	1427	26	5	18	1269	287
内蒙古	47	28	331	16731	2337	61	8	51	3655	576	19	2	7	597	105
辽 宁	118	163	1953	81074	16456	136	25	151	11208	3105	26	4	14	1119	248
吉 林	73	29	346	22083	3705	76	11	63	5650	1273	26	3	13	881	216
黑龙江	99	63	771	49893	7700	116	18	107	9249	1597	29	2	9	723	206
上 海	232	235	2844	184987	37460	265	74	445	38009	8810	88	11	44	2705	972
江 苏	101	78	944	59600	11128	208	48	293	26457	5115	77	10	39	3031	564
浙 江	81	388	4663	209891	32889	80	15	91	7112	1565	38	4	16	1136	293
安 徽	52	106	1271	60355	13698	82	17	100	8308	1381	22	3	11	695	137
福 建	45	86	1051	57771	9550	74	15	92	8067	1607	38	4	18	1194	180
江 西	35	75	917	43631	6855	65	11	67	5167	935	25	3	12	889	194
山 东	66	158	1909	97511	13168	122	33	196	14117	2642	34	5	21	1323	265
河 南	60	48	570	35916	5809	89	14	86	7354	1325	31	3	12	1011	193
湖 北	132	195	2328	158086	23693	161	34	205	17794	3295	35	4	16	1377	291
湖 南	73	146	1775	88109	17606	108	18	109	10181	1666	35	5	20	1660	332
广 东	124	186	2204	131771	24303	146	45	268	18477	3657	42	5	17	1212	335
广 西	58	57	670	34583	5535	71	13	81	6832	985	25	3	14	877	178
海 南	17	17	199	15508	2924	8	5	32	3331	731	6	1	3	209	33
重 庆	44	75	897	43489	8203	53	11	67	6238	1289	6	1	2	126	65
四 川	116	113	1344	80840	21541	147	34	202	16258	3181	60	7	29	2080	466
贵 州	23	24	284	19511	2835	41	6	36	3028	634	15	3	11	1012	421
云 南	39	89	1065	51928	7465	52	6	39	3673	570	14	2	7	455	73
西 藏	7	8	100	7260	1155	11	2	13	1078	182	16	8	30	1720	262
陕 西	77	33	390	34001	6812	109	22	132	11860	2429	39	7	28	2072	362
甘 肃	34	55	657	36186	5992	65	9	54	5661	934	13	2	6	581	93
青 海	10	5	62	3024	517	15	2	15	1087	171	22	3	13	1118	116
宁 夏	13	7	79	5528	993	8	1	6	685	98	7	1	3	241	33
新 疆	40	42	501	28469	1568	74	9	54	3367	477	62	4	14	851	105
兵 团	3	2	20	988	145	9	6	33	1333	494	3	1	2	117	22

各类期刊的平均印张和平均定价

	每册 印张	每册 定价（元）	每印张定价（元）
综　　　合	5.33	9.31	1.75
哲学、社会科学	5.16	9.32	1.81
自然科学、技术	8.65	14.72	1.70
文　化、教　育	4.78	9.11	1.91
文　学、艺　术	5.42	10.67	1.97
少　儿　期　刊	3.08	7.81	2.53
画　　　刊	7.26	20.00	2.76
动　　　漫	5.05	8.77	1.74

全国少数民族文字期刊分类出版数量

	合计 种数（种）	平均期印数（万册）	总印数（万册）	总印张（千印张）	总金额（万元）	综合 种数（种）	平均期印数（万册）	总印数（万册）	总印张（千印张）	总金额（万元）	哲学、社会科学 种数（种）	平均期印数（万册）	总印数（万册）	总印张（千印张）	总金额（万元）
全国总计	229	72.61	764.05	37260.26	4868.39	9	1.53	15.58	563.68	228.99	77	52.12	632.51	28813.95	3650.78
中 央	17	8.02	65.04	3511.19	799.41	3	1.20	14.35	432.89	215.19	9	5.36	41.87	2284.50	462.51
地 方	212	64.58	699.01	33749.07	4068.98	6	0.33	1.23	130.79	13.80	68	46.76	590.64	26529.45	3188.27
内 蒙 古	46	27.29	407.33	18090.97	2192.14						19	23.33	375.43	15925.26	1917.16
吉 林	14	5.28	59.67	3848.61	401.27						5	4.26	51.16	3030.96	315.05
黑 龙 江	2	0.70	4.20	273.00	30.00										
广 西	1	0.60	3.60	144.00	28.80										
四 川	6	3.54	17.76	1170.29	198.12						3	2.60	12.40	766.40	117.60
云 南	3	0.40	1.80	84.48	15.00										
西 藏	16	8.36	51.61	2171.48	311.37	1	0.30	1.20	103.95	6.00	5	5.34	38.66	1400.92	214.22
甘 肃	3	0.66	2.32	203.46	14.60						2	0.16	0.32	32.26	1.60
青 海	12	2.91	17.26	1130.73	79.50						5	1.29	9.88	441.89	24.88
新 疆	109	14.84	133.46	6632.05	798.18	5	0.03	0.03	26.84	7.80	29	9.78	102.79	4931.76	597.76

续表1

	自然科学、技术 种数（种）	平均期印数（万册）	总印数（万册）	总印张（千印张）	总金额（万元）	文化、教育 种数（种）	平均期印数（万册）	总印数（万册）	总印张（千印张）	总金额（万元）	文学、艺术 种数（种）	平均期印数（万册）	总印数（万册）	总印张（千印张）	总金额（万元）
全国总计	40	6.23	38.24	1719.37	252.04	38	3.30	21.93	1499.45	196.44	65	9.44	55.79	4663.81	540.14
中 央											5	1.47	8.82	793.80	121.71
地 方	40	6.23	38.24	1719.37	252.04	38	3.30	21.93	1499.45	196.44	60	7.97	46.97	3870.01	418.43
内 蒙 古	8	1.18	8.64	394.99	68.98	6	0.75	7.26	440.51	51.56	13	2.03	16.00	1330.21	154.44
吉 林	2	0.18	1.72	121.96	13.87	3	0.43	3.57	227.50	28.47	4	0.42	3.22	468.19	43.88
黑 龙 江											2	0.70	4.20	273.00	30.00
广 西											1	0.60	3.60	144.00	28.80
四 川						1	0.70	4.20	332.01	63.00	2	0.24	1.16	71.88	17.52
云 南											3	0.40	1.80	84.48	15.00
西 藏	3	1.27	5.15	199.66	31.50	4	0.90	4.30	308.57	41.25	3	0.55	2.30	158.38	18.40
甘 肃											1	0.50	2.00	171.20	13.00
青 海	2	0.22	0.88	59.09	8.02	2	0.40	1.60	172.75	10.40	3	1.00	4.30	457.00	36.20
新 疆	25	3.38	21.85	943.67	129.67	22	0.12	0.40	18.11	1.76	28	1.53	8.39	711.67	61.19

续表2

	少儿期刊 种数（种）	平均期印数（万册）	总印数（万册）	总印张（千印张）	总金额（万元）	画刊 种数（种）	平均期印数（万册）	总印数（万册）	总印张（千印张）	总金额（万元）
全国总计	6	10.60	228.01	9386.15	1187.12	5	1.20	14.35	432.89	215.19
中 央						3	1.20	14.35	432.89	215.19
地 方	6	10.60	228.01	9386.15	1187.12	2				
内 蒙 古	2	9.23	215.09	8589.61	1094.56					
吉 林	1	0.78	9.32	616.54	74.56					
黑 龙 江	1	0.60	3.60	180.00	18.00					
广 西										
四 川										
云 南										
西 藏										
甘 肃										
青 海										
新 疆	2					2				

全国少数民族文字期刊出版数量与上年相比增减百分比

	种数	总印数	总印张	总金额
全国	0.00	－20.66	－20.04	－20.88
中央	－10.53	－18.71	－22.65	－4.95
地方	0.95	－20.84	－19.75	－23.40

三、报纸出版

全国各级报纸出版数量

		合　计				中央及省、自治区、直辖市级				
		种数（种）	平均期印数（万份）	总印数（万份）	总印张（千印张）	总金额（万元）	种数（种）	平均期印数（万份）	总印数（万份）	总印张（千印张）	总金额（万元）
全国总计		1851	17303.34	3175891	79651200	3923884	960	13598.78	2185382	53414857	2755194
中　央		213	2835.35	775647	20389903	984786	213	2835.35	775647	20389903	984786
地　方		1638	14467.99	2400244	59261297	2939098	747	10763.43	1409735	33024953	1770408
北　京		33	145.83	37738	1575652	46313	33	145.83	37738	1575652	46313
天　津		19	92.83	24986	648673	30151	19	92.83	24986	648673	30151
河　北		62	428.55	106684	1899353	114142	25	295.25	69898	970291	74051
山　西		60	3147.96	228715	2027737	265414	38	3075.07	206809	1595232	240214
内蒙古		57	106.99	25151	483236	27213	22	56.82	11794	230365	12776
辽　宁		66	465.40	69971	1748461	80038	18	314.08	28708	452199	37012
吉　林		51	865.61	64422	1104378	98231	24	757.83	48858	811326	79928
黑龙江		64	269.09	42801	697696	53335	23	103.45	19964	333528	20376
上　海		70	350.36	78057	3441650	98379	70	350.36	78057	3441650	98379
江　苏		81	1120.58	202867	4675267	240481	30	714.40	105926	1982489	122232
浙　江		66	716.26	200192	6071515	216311	19	283.64	70585	1491274	80490
安　徽		51	265.30	61730	1199142	61196	19	139.81	30473	572316	32158
福　建		42	389.77	73810	2759306	89389	20	277.00	35712	1461332	41932
江　西		38	1055.96	79462	988951	91706	17	989.77	59957	663867	71387
山　东		86	656.41	183913	7101853	194082	28	320.35	96100	4456429	97453
河　南		77	1211.25	157481	3217861	229930	32	1005.62	102543	1764932	150980
湖　北		73	293.69	73238	2058148	100087	27	127.04	31311	1021987	44694
湖　南		47	441.87	79440	1898449	96795	21	329.38	46901	1233407	66337
广　东		97	648.39	171635	6598193	300361	31	309.15	72940	3257275	138918
广　西		48	186.70	51427	1083904	58863	19	100.33	23912	547896	28194
海　南		14	62.69	16969	491942	22584	10	46.95	12771	389200	16745
重　庆		27	114.77	22762	473165	27847	24	106.81	20515	427074	25722
四　川		79	476.54	120412	2602142	146634	32	276.02	59314	1295790	74513
贵　州		27	83.82	25257	591305	32565	11	38.01	10942	306422	15055
云　南		41	126.08	32511	612460	38708	16	76.23	18244	359671	23967
西　藏		27	49.59	10714	209507	8252	11	25.72	5486	93982	3268
陕　西		43	200.81	48561	1158725	58210	27	129.20	29203	724552	34566
甘　肃		50	214.10	41127	631392	42086	23	150.45	21344	324335	27913
青　海		26	32.05	8071	206828	7464	13	15.60	3652	94818	4674
宁　夏		14	46.12	10103	219009	15049	10	40.74	8757	198342	13302
新　疆		82	170.46	43520	682196	39802	32	53.45	12266	220847	11944
兵　团		20	32.12	6515	103199	7487	3	16.28	4072	77800	4764

全国各级报纸出版数量（续表）

		地、市级				县　级				
	种数（种）	平均期印数（万份）	总印数（万份）	总印张（千印张）	总金额（万元）	种数（种）	平均期印数（万份）	总印数（万份）	总印张（千印张）	总金额（万元）
全国总计	872	3670.30	980510	26048423	1159535	19	34.26	9999	187921	9155
中　央										
地　方	872	3670.30	980510	26048423	1159535	19	34.26	9999	187921	9155
北　京										
天　津										
河　北	36	131.95	36454	922420	39716	1	1.35	332	6642	375
山　西	21	72.62	21880	432241	25150	1	0.28	26	264	50
内蒙古	32	48.86	13159	251013	14269	3	1.30	199	1858	167
辽　宁	45	149.52	40956	1294722	42728	3	1.80	308	1540	297
吉　林	27	107.78	15564	293053	18303					
黑龙江	41	165.65	22838	364168	32959					
上　海										
江　苏	51	406.19	96941	2692778	118249					
浙　江	44	413.02	122587	4425297	129650	3	19.60	7020	154944	6170
安　徽	32	125.49	31257	626827	29038					
福　建	22	112.77	38097	1297974	47457					
江　西	19	63.00	18998	320015	19704	2	3.19	507	5068	615
山　东	58	336.06	87814	2645425	96629					
河　南	45	205.64	54938	1452929	78950					
湖　北	43	161.50	40507	1021966	54075	3	5.16	1420	14196	1318
湖　南	26	112.50	32539	665042	30457					
广　东	66	339.25	98695	3340918	161443					
广　西	29	86.37	27516	536008	30668					
海　南	4	15.74	4198	102742	5839					
重　庆	3	7.97	2247	46090	2125					
四　川	47	200.52	61098	1306352	72121					
贵　州	16	45.82	14315	284883	17509					
云　南	25	49.85	14267	252789	14741					
西　藏	16	23.87	5228	115525	4984					
陕　西	16	71.61	19358	434174	23644					
甘　肃	27	63.66	19782	307058	14172					
青　海	11	15.06	4250	108695	2645	2	1.39	169	3315	146
宁　夏	4	5.38	1346	20668	1746					
新　疆	49	116.83	31235	461254	27841	1	0.19	19	95	17
兵　团	17	15.85	2443	25399	2723					

各级综合报纸出版数量

		合计				中央及省、自治区、直辖市级				
	种数（种）	平均期印数（万份）	总印数（万份）	总印张（千印张）	总金额（万元）	种数（种）	平均期印数（万份）	总印数（万份）	总印张（千印张）	总金额（万元）
全国总计	857	5934.78	1949519	59657990	2361690	203	3123.48	1048706	35180847	1304006
中 央	19	1059.48	372159	11602793	420619	19	1059.48	372159	11602793	420619
地 方	838	4875.29	1577360	48055197	1941071	184	2064.00	676547	23578054	883387
北 京	12	91.27	32350	1460290	38016	12	91.27	32350	1460290	38016
天 津	5	48.34	16283	513815	19658	5	48.34	16283	513815	19658
河 北	26	154.37	49350	1311926	60222	3	43.64	15627	438212	22065
山 西	23	121.12	36750	864233	53942	6	59.15	16775	455658	29817
内 蒙 古	36	74.42	22281	436450	23908	7	29.40	9367	187310	9627
辽 宁	38	147.03	47167	1464076	56726	7	42.65	14102	347703	17016
吉 林	22	72.85	21773	546719	21775	4	27.57	9245	271815	7278
黑 龙 江	29	75.30	24172	407066	25863	7	28.29	9347	170816	10196
上 海	12	129.31	46529	2686136	62331	12	129.31	46529	2686136	62331
江 苏	48	390.03	132990	3908673	170362	11	146.58	49290	1491483	67372
浙 江	42	483.81	167952	5507242	179658	4	142.65	50569	1200572	57222
安 徽	28	124.77	40253	936772	39768	4	37.10	12620	365915	12820
福 建	22	171.79	56800	1718319	72181	5	64.67	18966	428345	25521
江 西	27	111.08	33908	689890	39510	7	46.89	14724	366406	19448
山 东	40	471.22	151540	6607369	167234	9	226.88	75228	4195764	82123
河 南	34	271.31	85047	2546750	141337	3	95.23	33350	1146506	66701
湖 北	35	214.98	66963	1930424	86514	6	83.00	26939	938301	35257
湖 南	30	159.57	52361	1305000	49982	5	61.84	20695	658062	21052
广 东	48	471.71	148977	5585181	252573	5	212.88	60173	2470002	110694
广 西	28	137.49	42812	931269	47436	7	56.29	15733	402227	17126
海 南	4	32.08	11602	400236	15687	2	23.99	8649	322386	11795
重 庆	12	61.77	19626	411222	19513	9	53.80	17379	365132	17388
四 川	41	261.26	86844	2104302	102528	4	84.29	29376	878522	35437
贵 州	16	64.68	22069	547504	28538	3	23.31	8089	269199	11526
云 南	29	93.35	28512	545572	31742	4	43.50	14245	292783	17001
西 藏	19	34.28	8769	198123	6867	3	10.41	3541	82598	1883
陕 西	18	115.21	37852	1005228	44913	4	55.25	19090	593779	22109
甘 肃	25	83.61	25951	442465	22857	5	26.62	6890	144537	9181
青 海	16	24.83	7343	194427	6720	4	9.38	2976	83977	3981
宁 夏	8	22.31	6826	134274	10484	4	16.93	5480	113607	8738
新 疆	47	130.14	39311	613202	34856	10	26.62	8851	158397	8244
兵 团	18	29.97	6396	101044	7368	3	16.28	4072	77800	4764

各级综合报纸出版数量（续表）

		地、市级				县　级				
	种数（种）	平均期印数（万份）	总印数（万份）	总印张（千印张）	总金额（万元）	种数（种）	平均期印数（万份）	总印数（万份）	总印张（千印张）	总金额（万元）
全国总计	637	2784.99	893319	24339849	1051034	17	26.31	7494	137294	6650
中　央										
地　方	637	2784.99	893319	24339849	1051034	17	26.31	7494	137294	6650
北　京										
天　津										
河　北	22	109.38	33391	867072	37782	1	1.35	332	6642	375
山　西	16	61.70	19949	408312	24075	1	0.28	26	264	50
内蒙古	26	43.71	12715	247282	14114	3	1.30	199	1858	167
辽　宁	28	102.59	32757	1114833	39413	3	1.80	308	1540	297
吉　林	18	45.28	12529	274905	14497					
黑龙江	22	47.02	14825	236249	15667					
上　海										
江　苏	37	243.44	83700	2417190	102990					
浙　江	36	328.51	112817	4200793	118720	2	12.65	4567	105877	3717
安　徽	24	87.67	27633	570857	26948					
福　建	17	107.12	37834	1289974	46660					
江　西	18	61.00	18678	318415	19448	2	3.19	507	5068	615
山　东	31	244.34	76312	2411605	85111					
河　南	31	176.09	51697	1400245	74637					
湖　北	26	126.82	38605	977926	49939	3	5.16	1420	14196	1318
湖　南	25	97.73	31666	646938	28930					
广　东	43	258.83	88804	3115179	141879					
广　西	21	81.21	27079	529042	30310					
海　南	2	8.09	2954	77850	3893					
重　庆	3	7.97	2247	46090	2125					
四　川	37	176.97	57468	1225780	67091					
贵　州	13	41.37	13980	278305	17011					
云　南	25	49.85	14267	252789	14741					
西　藏	16	23.87	5228	115525	4984					
陕　西	14	59.96	18763	411449	22804					
甘　肃	20	57.00	19061	297929	13676					
青　海	11	15.06	4250	108695	2645	1	0.39	117	1755	94
宁　夏	4	5.38	1346	20668	1746					
新　疆	36	103.33	30441	454709	26595	1	0.19	19	95	17
兵　团	15	13.70	2324	23244	2604					

各级专业报纸出版数量

	合 计					中央及省、自治区、直辖市级				
	种数（种）	平均期印数（万份）	总印数（万份）	总印张（千印张）	总金额（万元）	种数（种）	平均期印数（万份）	总印数（万份）	总印张（千印张）	总金额（万元）
全国总计	667	9300.21	986701	15759671	1260083	542	8802.89	930597	14862912	1191588
中　央	161	1364.08	332163	7336476	451997	161	1364.08	332163	7336476	451997
地　方	506	7936.13	654538	8423195	808087	381	7438.81	598434	7526436	739591
北　京	14	34.92	4321	95922	6701	14	34.92	4321	95922	6701
天　津	9	22.12	3408	50905	4165	9	22.12	3408	50905	4165
河　北	22	237.00	51777	495477	48604	17	225.01	49231	462386	47550
山　西	26	2992.58	185718	1066599	205145	23	2986.76	184052	1051458	204336
内蒙古	15	16.32	1341	16742	1327	10	11.92	937	13596	1249
辽　宁	11	270.84	15869	124424	20794	7	262.42	13763	95566	19485
吉　林	17	779.78	41272	537802	75030	12	720.49	38392	522006	71467
黑龙江	22	149.13	11123	144898	20788	12	43.27	4317	54657	4998
上　海	38	116.92	15910	514229	18957	38	116.92	15910	514229	18957
江　苏	21	372.54	46478	506060	55081	13	278.72	37388	351500	45679
浙　江	16	154.08	24136	416323	26928	9	93.73	13530	193681	16281
安　徽	13	34.47	6770	84461	8920	8	28.21	5549	72256	8744
福　建	12	190.70	13947	974467	12859	11	190.20	13921	974337	12833
江　西	5	902.04	42393	235098	46205	4	900.04	42073	233498	45949
山　东	26	110.66	21169	256968	16002	14	75.68	16860	209933	12268
河　南	30	737.03	61091	534711	74724	25	727.63	59117	511073	72060
湖　北	30	53.50	4813	87681	9197	17	34.79	3684	75480	7406
湖　南	8	192.41	19614	443389	33606	8	192.41	19614	443389	33606
广　东	32	110.98	16965	831933	32460	16	73.61	10842	682592	22020
广　西	11	39.28	6998	129239	9358	8	35.92	6655	124562	9111
海　南	8	27.40	5207	88506	6577	7	22.96	4122	66814	4950
重　庆	7	13.46	1478	34024	2803	7	13.46	1478	34024	2803
四　川	23	112.31	20821	319747	28575	19	103.80	19066	274938	25545
贵　州	5	6.04	1371	17740	1475	4	5.04	1215	14620	1163
云　南	7	21.85	2569	46374	5807	7	21.85	2569	46374	5807
西　藏	5	12.71	1815	9534	1325	5	12.71	1815	9534	1325
陕　西	15	46.49	6009	83270	8716	14	43.44	5857	81745	8594
甘　肃	23	126.79	14637	181627	18614	17	122.13	14013	175378	18405
青　海	6	5.97	665	10575	671	6	5.97	665	10575	671
宁　夏	4	20.96	2435	59460	3696	4	20.96	2435	59460	3696
新　疆	24	24.69	2403	24933	2963	16	11.69	1636	19948	1768
兵　团	1	0.15	15	75	15					

各级专业报纸出版数量（续表）

		地、市级					县 级			
		种数（种）	平均期印数（万份）	总印数（万份）	总印张（千印张）	总金额（万元）	种数（种）	平均期印数（万份）	总印数（万份）	总印张（千印张）	总金额（万元）
全国总计		124	490.37	53651	847692	66042	1	6.95	2453	49067	2453
中 央											
地 方		124	490.37	53651	847692	66042	1	6.95	2453	49067	2453
北 京											
天 津											
河 北		5	11.98	2546	33091	1055					
山 西		3	5.82	1666	15141	809					
内 蒙 古		5	4.40	404	3146	78					
辽 宁		4	8.42	2106	28858	1309					
吉 林		5	59.29	2880	15797	3564					
黑 龙 江		10	105.86	6805	90241	15789					
上 海											
江 苏		8	93.82	9090	154561	9401					
浙 江		6	53.40	8153	173575	8194	1	6.95	2453	49067	2453
安 徽		5	6.26	1220	12205	176					
福 建		1	0.50	26	130	26					
江 西		1	2.00	320	1600	256					
山 东		12	34.97	4309	47036	3734					
河 南		5	9.40	1974	23638	2665					
湖 北		13	18.71	1129	12201	1791					
湖 南											
广 东		16	37.37	6123	149341	10440					
广 西		3	3.36	343	4678	247					
海 南		1	4.45	1085	21692	1627					
重 庆											
四 川		4	8.51	1754	44809	3030					
贵 州		1	1.00	156	3120	312					
云 南											
西 藏											
陕 西		1	3.05	153	1525	122					
甘 肃		6	4.66	625	6249	209					
青 海											
宁 夏											
新 疆		8	13.00	768	4985	1194					
兵 团		1	0.15	15	75	15					

各级生活服务报纸出版数量

	合计					中央及省、自治区、直辖市级				
	种数（种）	平均期印数（万份）	总印数（万份）	总印张（千印张）	总金额（万元）	种数（种）	平均期印数（万份）	总印数（万份）	总印张（千印张）	总金额（万元）
全国总计	203	667.12	59172	1771449	94468	109	364.60	34717	1042181	65569
中　　央	15	148.16	11778	382395	28948	15	148.16	11778	382395	28948
地　　方	188	518.96	47393	1389054	65520	94	216.44	22939	659786	36621
北　　京	3	6.01	295	8749	373	3	6.01	295	8749	373
天　　津	1	2.20	114	5720	206	1	2.20	114	5720	206
河　　北	11	20.15	1154	37331	2102	2	9.56	637	15074	1223
山　　西	8	21.09	2514	49206	3186	6	15.99	2249	40418	2921
内　蒙　古	5	2.25	101	1484	265	4	1.50	62	899	187
辽　　宁	13	23.61	4040	130495	823	2				
吉　　林	7	5.57	303	9573	366	5	4.09	226	8803	289
黑　龙　江	9	27.56	2593	96120	3382	2	16.94	1553	60592	2253
上　　海	10	20.00	3655	143873	5712	10	20.00	3655	143873	5712
江　　苏	8	73.47	4461	126669	6506	2	4.54	310	5642	649
浙　　江	5	42.58	2660	82197	4735	3	11.47	1042	31268	1999
安　　徽	4	29.69	4366	93196	3979	2	9.20	2538	52312	2642
福　　建	6	9.93	484	14943	1222	2	4.79	247	7073	451
江　　西	3	31.18	1833	48246	3921	3	31.18	1833	48246	3921
山　　东	16	46.45	5215	177625	6829	3	4.90	252	13142	637
河　　南	10	25.15	1748	36746	2609	1	5.00	480	7700	960
湖　　北	4	13.31	630	26545	1927	2	0.45	11	132	47
湖　　南	4	26.63	1955	35629	3282	3	11.87	1081	17526	1755
广　　东	11	15.75	823	82912	4833	9	14.76	771	81614	4647
广　　西	7	3.65	294	11196	356	2	1.85	200	8908	245
海　　南	1					1				
重　　庆	6	8.58	1269	19802	1071	6	8.58	1269	19802	1071
四　　川	11	25.84	3207	62648	4000	5	10.80	1331	26884	2000
贵　　州	3	3.45	179	3458	186	1				
云　　南	3	3.61	452	9031	500	3	3.61	452	9031	500
西　　藏	1					1				
陕　　西	6	21.55	1889	41120	1716	5	12.95	1446	19920	999
甘　　肃	1	2.00	96	2880	288					
青　　海	2	1.20	62	1820	73	1	0.20	10	260	21
宁　　夏	2	2.85	843	25275	869	2	2.85	843	25275	869
新　　疆	6	1.65	56	2483	98	2	1.15	30	923	46
兵　　团	1	2.00	104	2080	104					

各级生活服务报纸出版数量（续表）

	地、市级					县　级				
	种数（种）	平均期印数（万份）	总印数（万份）	总印张（千印张）	总金额（万元）	种数（种）	平均期印数（万份）	总印数（万份）	总印张（千印张）	总金额（万元）
全国总计	93	301.52	24403	727708	28847	1	1.00	52	1560	52
中　央										
地　方	93	301.52	24403	727708	28847	1	1.00	52	1560	52
北　京										
天　津										
河　北	9	10.59	517	22257	880					
山　西	2	5.10	265	8788	265					
内蒙古	1	0.75	39	585	78					
辽　宁	11	23.61	4040	130495	823					
吉　林	2	1.48	77	770	77					
黑龙江	7	10.62	1040	35528	1129					
上　海										
江　苏	6	68.93	4151	121027	5857					
浙　江	2	31.11	1618	50929	2736					
安　徽	2	20.49	1828	40884	1338					
福　建	4	5.15	237	7871	771					
江　西										
山　东	13	41.55	4963	164484	6193					
河　南	9	20.15	1268	29046	1649					
湖　北	2	12.86	619	26413	1880					
湖　南	1	14.77	873	18104	1527					
广　东	2	0.99	51	1298	186					
广　西	5	1.80	94	2288	112					
海　南										
重　庆										
四　川	6	15.04	1876	35764	2000					
贵　州	2	3.45	179	3458	186					
云　南										
西　藏										
陕　西	1	8.60	443	21200	718					
甘　肃	1	2.00	96	2880	288					
青　海						1	1.00	52	1560	52
宁　夏										
新　疆	4	0.50	26	1560	52					
兵　团	1	2.00	104	2080	104					

各级读者对象报纸出版数量

	合计					中央及省、自治区、直辖市级				
	种数（种）	平均期印数（万份）	总印数（万份）	总印张（千印张）	总金额（万元）	种数（种）	平均期印数（万份）	总印数（万份）	总印张（千印张）	总金额（万元）
全国总计	102	1189.48	152062	2094672	177757	88	1108.40	143967	1982356	166639
中　央	14	211.49	52117	986389	77416	14	211.49	52117	986389	77416
地　方	88	977.99	99945	1108283	100341	74	896.90	91850	995967	89223
北　京	4	13.63	772	10691	1222	4	13.63	772	10691	1222
天　津	3	11.70	3910	52818	3580	3	11.70	3910	52818	3580
河　北	3	17.04	4402	54619	3213	3	17.04	4402	54619	3213
山　西	3	13.17	3733	47698	3141	3	13.17	3733	47698	3141
内蒙古	1	14.00	1428	28560	1714	1	14.00	1428	28560	1714
辽　宁	4	23.91	2896	29466	1695	2	9.01	843	8930	511
吉　林	4	5.78	911	8648	897	2	4.04	832	7067	732
黑龙江	3	16.15	4866	48662	3216	2	14.95	4746	47462	2928
上　海	9	50.75	6955	72373	8875	9	50.75	6955	72373	8875
江　苏	3	283.95	18879	132665	8381	3	283.95	18879	132665	8381
浙　江	3	35.80	5444	65753	4988	3	35.80	5444	65753	4988
安　徽	4	28.68	3188	38001	3243	3	17.60	2612	35120	2667
福　建	1	7.46	1097	21935	1645	1	7.46	1097	21935	1645
江　西	3	11.65	1327	15718	2069	3	11.65	1327	15718	2069
山　东	4	28.09	5989	59890	4017	2	12.89	3759	37590	2426
河　南	2	174.06	9410	94103	10705	2	174.06	9410	94103	10705
湖　北	2	9.60	714	8220	1863	1	6.50	559	2795	1398
湖　南	3	39.26	2523	48246	4595	3	39.26	2523	48246	4595
广　东	5	41.76	4034	81460	8406	1	7.90	1153	23068	1557
广　西	2	6.27	1323	12200	1712	2	6.27	1323	12200	1712
海　南										
重　庆	2	30.96	389	8116	4460	2	30.96	389	8116	4460
四　川	3	63.33	8175	60797	8798	3	63.33	8175	60797	8798
贵　州	3	9.66	1639	22603	2366	3	9.66	1639	22603	2366
云　南	1	5.50	809	8085	404	1	5.50	809	8085	404
西　藏	2	2.60	130	1850	60	2	2.60	130	1850	60
陕　西	4	17.56	2811	29107	2865	4	17.56	2811	29107	2865
甘　肃	1	1.70	442	4420	327	1	1.70	442	4420	327
青　海	1					1				
宁　夏										
新　疆	5	13.98	1749	41579	1885	4	13.98	1749	41579	1885
兵　团										

各级读者对象报纸出版数量（续表）

		地、市级				县　级				
	种数（种）	平均期印数（万份）	总印数（万份）	总印张（千印张）	总金额（万元）	种数（种）	平均期印数（万份）	总印数（万份）	总印张（千印张）	总金额（万元）
全国总计	14	81.08	8095	112316	11118					
中　央										
地　方	14	81.08	8095	112316	11118					
北　京										
天　津										
河　北										
山　西										
内 蒙 古										
辽　宁	2	14.90	2054	20536	1183					
吉　林	2	1.74	79	1582	165					
黑 龙 江	1	1.20	120	1200	288					
上　海										
江　苏										
浙　江										
安　徽	1	11.08	576	2881	576					
福　建										
江　西										
山　东	2	15.20	2230	22300	1591					
河　南										
湖　北	1	3.10	155	5425	465					
湖　南										
广　东	4	33.86	2881	58392	6849					
广　西										
海　南										
重　庆										
四　川										
贵　州										
云　南										
西　藏										
陕　西										
甘　肃										
青　海										
宁　夏										
新　疆	1									
兵　团										

各级文摘报纸出版数量

	合计					中央及省、自治区、直辖市级				
	种数（种）	平均期印数（万份）	总印数（万份）	总印张（千印张）	总金额（万元）	种数（种）	平均期印数（万份）	总印数（万份）	总印张（千印张）	总金额（万元）
全国总计	**22**	**211.75**	**28438**	**367418**	**29887**	**18**	**199.41**	**27395**	**346561**	**27393**
中　　央	**4**	**52.13**	**7430**	**81849**	**5807**	**4**	**52.13**	**7430**	**81849**	**5807**
地　　方	**18**	**159.62**	**21008**	**285569**	**24080**	**14**	**147.28**	**19965**	**264711**	**21586**
北　　京										
天　　津	1	8.47	1271	25416	2542	1	8.47	1271	25416	2542
河　　北										
山　　西										
内　蒙　古										
辽　　宁										
吉　　林	1	1.64	164	1635	164	1	1.64	164	1635	164
黑　龙　江	1	0.95	48	950	86					
上　　海	1	33.39	5008	25040	2504	1	33.39	5008	25040	2504
江　　苏	1	0.60	60	1200	150	1	0.60	60	1200	150
浙　　江										
安　　徽	2	47.69	7154	46713	5285	2	47.69	7154	46713	5285
福　　建	1	9.88	1482	29643	1482	1	9.88	1482	29643	1482
江　　西										
山　　东										
河　　南	1	3.70	185	5550	555	1	3.70	185	5550	555
湖　　北	2	2.30	117	5279	587	1	2.30	117	5279	587
湖　　南	2	23.99	2987	66184	5330	2	23.99	2987	66184	5330
广　　东	1	8.19	835	16708	2088					
广　　西										
海　　南	1	3.20	160	3200	320					
重　　庆										
四　　川	1	13.80	1366	54648	2732	1	13.80	1366	54648	2732
贵　　州										
云　　南	1	1.77	170	3398	255	1	1.77	170	3398	255
西　　藏										
陕　　西										
甘　　肃										
青　　海	1	0.05	1	6	1	1	0.05	1	6	1
宁　　夏										
新　　疆										
兵　　团										

各级文摘报纸出版数量（续表）

		地、市级					县 级				
		种数（种）	平均期印数（万份）	总印数（万份）	总印张（千印张）	总金额（万元）	种数（种）	平均期印数（万份）	总印数（万份）	总印张（千印张）	总金额（万元）
全国总计		4	12.34	1043	20858	2494					
中　　央											
地　　方		4	12.34	1043	20858	2494					
北　京											
天　津											
河　北											
山　西											
内蒙古											
辽　宁											
吉　林											
黑龙江		1	0.95	48	950	86					
上　海											
江　苏											
浙　江											
安　徽											
福　建											
江　西											
山　东											
河　南											
湖　北		1									
湖　南											
广　东		1	8.19	835	16708	2088					
广　西											
海　南		1	3.20	160	3200	320					
重　庆											
四　川											
贵　州											
云　南											
西　藏											
陕　西											
甘　肃											
青　海											
宁　夏											
新　疆											
兵　团											

主要刊期的报纸出版数量

		周七刊				周六刊				周五刊				周四刊		
	种数（种）	总印数（万份）	总印张（千印张）	总金额（万元）	种数（种）	总印数（万份）	总印张（千印张）	总金额（万元）	种数（种）	总印数（万份）	总印张（千印张）	总金额（万元）	种数（种）	总印数（万份）	总印张（千印张）	总金额（万元）
全国总计	391	1810561	53714436	2162064	241	430248	11309592	535955	306	282687	5309252	331944	66	63168	1153729	89255
中 央	16	498640	13445445	536945	15	110386	3388768	173822	40	76714	1546026	107035	15	29542	637368	48663
地 方	375	1311921	40268991	1625119	226	319862	7920824	362133	266	205974	3763225	224909	51	33626	516361	40592
北 京	7	32350	1460290	38016	1	750	7501	1125	2	1166	46656	2333				
天 津	6	19196	568167	22194					2	3267	32674	3029	1	206	2059	618
河 北	7	59310	988781	55662	18	28865	542150	37080	11	7363	137898	9433	2	1102	11020	291
山 西	13	36737	809476	55784	12	28001	247710	29965	6	8776	92605	11677	2	905	18104	2264
内 蒙 古	5	11166	228818	11522	11	5899	113998	6571	12	4869	89601	5511	4	438	6687	557
辽 宁	11	37365	1272281	44315	9	3860	64998	4405	20	11720	264363	10034	2	640	5338	397
吉 林	7	14772	412124	13073	6	2974	47184	3809	7	4901	99643	5822	1	355	7099	710
黑 龙 江	12	22716	367383	21793	9	8984	109030	7660	10	4401	69750	4193	6	2125	18847	2290
上 海	13	54002	3034530	71224	2	398	7954	795	4	4454	122188	5867	1	599	5993	1199
江 苏	32	119441	3614787	157070	15	29745	411151	34942	7	14075	160438	16636	5	4676	76643	1748
浙 江	34	159804	5111726	176721	7	10386	180144	8884	8	14257	506859	9922	2	4958	67680	4958
安 徽	9	25742	620691	25520	15	17063	328567	19399	9	6361	98486	4361	2	544	8261	404
福 建	19	55076	1641654	71039	3	2292	70908	2131	4	3865	90969	3931				
江 西	9	24794	565065	29048	6	4739	67436	4696	9	5181	80440	6709	2	1134	9742	907
山 东	19	108244	3858898	118924	14	49064	2766901	47581	17	17720	288265	16456	1	720	21600	720
河 南	4	41285	1328777	78124	22	40924	1150894	61881	17	17238	347829	23315				
湖 北	6	39075	1408733	56605	15	16120	310307	17769	16	11592	204441	10721	1	786	15725	786
湖 南	20	45784	1194055	44257	2	1248	24960	1248	7	5624	108233	5137				
广 东	37	143690	5408241	233346	2	2125	382494	4250	10	7299	170643	15710	2	2693	50897	5837
广 西	18	37856	851712	42328	4	5983	110663	6508	4	2556	34244	3232	3	1588	25846	2167
海 南	5	11969	403903	16127	1	1475	28763	885	2	2208	44158	3873				
重 庆	2	13563	322158	13563	4	3637	64169	3743	6	3149	36856	1848	1	988	19758	1432
四 川	17	66372	1822171	80419	13	24636	328772	23208	18	10237	179105	12819	4	4900	65751	6911
贵 州	10	18021	443924	23937	3	3267	64512	3670	6	2281	28403	2079	3	1213	45789	2129
云 南	11	20451	392113	23288	7	6363	103581	7593	4	2824	75081	3875				
西 藏	6	4952	135976	3152		295	17677	295	1	2175	21746	2175				
陕 西	7	26319	789693	30774	8	10725	204763	13300	5	3784	54342	3990	3	1847	17413	2897
甘 肃	16	29849	530358	31561	2	805	12690	720	9	3036	26958	1931				
青 海	4	6654	187299	6176	2	357	4155	202					1	403	8056	564
宁 夏	1	3100	66013	6200	3	2306	51420	2247	7	3962	75922	5840				
新 疆	7	18845	360795	19249	9	6576	95373	5574	23	14646	164543	11243	2	805	8054	805
兵 团	1	3420	68400	4104					3	989	9886	1204				

全国少数民族文字报纸出版数量

	种数（种）	平均期印数（万份）	总印数（万份）	总印张（千印张）	总金额（万元）
全国总计	103	113.96	26266	337541	19633
中　央	4	5.70	2001	20007	800
地　方	99	108.26	24265	317534	18832
内 蒙 古	13	10.71	2368	33935	2437
辽　宁	3	0.94	113	828	129
吉　林	8	5.64	765	11499	681
黑 龙 江	1	0.42	67	1344	79
广　西	1	0.60	30	300	30
四　川	3	1.93	277	2773	194
云　南	8	3.80	197	1647	4
西　藏	12	25.59	5560	82188	4178
青　海	7	4.15	174	1488	219
新　疆	40	53.57	14627	180840	10796
兵　团	3	0.93	88	691	86

全国少数民族文字报纸出版数量与上年相比增减百分比

	种数	平均期印数	总印数	总印张	总金额
全　国	0.00	1.71	6.41	-2.36	4.27
中　央	0.00	0.00	0.00	0.00	0.00
地　方	0.00	1.80	6.97	-2.51	4.46

四、音像、电子出版物出版

按载体形式分类全国各地区录音制品出版品种、数量及发行数量

单位：种、万盒（张）

		录音制品					录音带（AT）			
		合计		其中：新版		发行	合计		其中：新版	
		种数	数量	种数	数量	数量	种数	数量	种数	数量
全国总计		6571	16931.93	2528	3772.50	16174.38	965	5230.93	141	1026.15
中 央		3189	12935.15	1087	2965.23	12233.56	549	4497.24	86	1016.66
地 方		3382	3996.78	1441	807.27	3940.82	416	733.69	55	9.49
北 京		165	72.74	156	70.46	69.27				
天 津		17	6.18	13	4.22	6.11	2	0.49		
河 北		47	383.24	10	153.00	387.03	26	4.16		
山 西		44	39.80	44	39.80	39.80	2	1.60	2	1.60
内 蒙 古		14	2.95	13	2.90	2.95				
辽 宁		100	99.87	17	12.25	108.89				
吉 林		86	130.39	10	2.05	126.71	37	70.46		
黑 龙 江		6	0.06	6	0.06	0.06				
上 海		1225	778.68	208	294.46	758.06	96	70.41		
江 苏		179	553.00	37	7.10	553.00	78	493.10	1	0.04
浙 江		74	216.09	30	9.28	216.09	25	14.08		
安 徽		13	0.38	12	0.33	0.35	11	0.18	10	0.13
福 建		29	7.87	12	2.23	6.65	8	2.28		
江 西		87	80.53	25	7.25	80.53	19	8.90	15	4.50
山 东		125	131.14	62	6.12	134.74	22	2.20	22	2.20
河 南		8	0.95	8	0.95	0.45				
湖 北		21	3.80	12	0.80	3.80	1	0.40		
湖 南		103	261.40	21	3.80	261.50	8	7.28		
广 东		817	1120.45	618	141.63	1079.21	74	57.84	5	1.02
广 西		77	37.36	26	8.76	37.03				
海 南		16	1.14	16	1.14	1.14				
重 庆		18	7.26	5	1.93	7.30	2	0.20		
四 川		9	0.58	8	0.48	0.67				
贵 州		2	0.20	2	0.20	0.20				
云 南		29	12.97	24	12.86	12.96	5	0.11		
西 藏		1	0.30	1	0.30	0.10				
陕 西		41	28.47	16	3.93	28.47				
甘 肃		1	0.30	1	0.30	0.30				
青 海										
宁 夏		6	0.50	6	0.50	0.50				
新 疆		22	18.19	22	18.19	16.94				
兵 团										

按载体形式分类全国各地区录音制品出版品种、数量及发行数量（续表）

单位：种、万盒（张）

	激光唱盘（CD） 合计 种数	激光唱盘（CD） 合计 数量	激光唱盘（CD） 其中：新版 种数	激光唱盘（CD） 其中：新版 数量	高密度激光唱盘（DVD-A） 合计 种数	高密度激光唱盘（DVD-A） 合计 数量	高密度激光唱盘（DVD-A） 其中：新版 种数	高密度激光唱盘（DVD-A） 其中：新版 数量	其他载体 合计 种数	其他载体 合计 数量	其他载体 其中：新版 种数	其他载体 其中：新版 数量
全国总计	5040	11539.10	1971	2645.71	84	47.19	47	16.77	482	114.73	369	83.87
中 央	2438	8370.55	841	1896.07	27	7.98	26	7.83	175	59.38	134	44.67
地 方	2602	3168.55	1130	749.64	57	39.20	21	8.94	307	55.35	235	39.20
北 京	140	70.68	131	68.40	1	0.10	1	0.10	24	1.96	24	1.96
天 津	8	3.27	6	1.80					7	2.42	7	2.42
河 北	21	379.08	10	153.00								
山 西	42	38.20	42	38.20								
内 蒙 古	13	2.75	12	2.70					1	0.20	1	0.20
辽 宁	73	86.35	12	11.75	5	0.50	5	0.50	22	13.02		
吉 林	49	59.93	10	2.05								
黑 龙 江	1	0.01	1	0.01	5	0.05	5	0.05				
上 海	1036	673.90	178	291.27	38	30.14	4	0.58	55	4.22	26	2.60
江 苏	78	57.50	13	4.66	2	0.30	2	0.30	21	2.10	21	2.10
浙 江	48	201.96	29	9.23					1	0.05	1	0.05
安 徽	2	0.20	2	0.20								
福 建	20	5.56	11	2.20					1	0.03	1	0.03
江 西	68	71.63	10	2.75								
山 东	95	128.14	32	3.12					8	0.80	8	0.80
河 南	8	0.95	8	0.95								
湖 北	18	2.80	11	0.70	2	0.60	1	0.10				
湖 南	94	253.97	21	3.80					1	0.15		
广 东	579	1032.42	469	111.77					164	30.19	144	28.84
广 西	77	37.36	26	8.76								
海 南	16	1.14	16	1.14								
重 庆	16	7.06	5	1.93								
四 川	9	0.58	8	0.48								
贵 州									2	0.20	2	0.20
云 南	22	5.85	22	5.85	2	7.01	2	7.01				
西 藏					1	0.30	1	0.30				
陕 西	40	28.27	16	3.93	1	0.20						
甘 肃	1	0.30	1	0.30								
青 海												
宁 夏	6	0.50	6	0.50								
新 疆	22	18.19	22	18.19								
兵 团												

按内容分类全国录音制品出版品种、数量

单位：种、万盒（张）

	录音制品 合计 种数	录音制品 合计 数量	录音制品 其中：新版 种数	录音制品 其中：新版 数量	录音带（AT）合计 种数	录音带（AT）合计 数量	录音带（AT）其中：新版 种数	录音带（AT）其中：新版 数量
全国总计	6571	16931.93	2528	3772.50	965	5230.93	141	1026.15
其中：少儿出版	77	49.95	54	19.82				
教育	2917	15895.28	592	3345.70	943	5229.53	137	1025.92
语言	898	480.61	28	11.92	13	1.15		
文学艺术	2666	530.40	1838	396.23	6	0.24	4	0.23
科技	19	6.87	17	4.60				
经济	5	0.85	5	0.85				
体育	4	0.03	1	0.03	3			
军事	0	0	0	0				
文学	20	5.12	19	4.3				
综合	8	2.4	8	2.4				
其他	34	10.36	20	6.46				

续表1

	激光唱盘（CD）合计 种数	激光唱盘（CD）合计 数量	激光唱盘（CD）其中：新版 种数	激光唱盘（CD）其中：新版 数量	高密度激光唱盘（DVD-A）合计 种数	高密度激光唱盘（DVD-A）合计 数量	高密度激光唱盘（DVD-A）其中：新版 种数	高密度激光唱盘（DVD-A）其中：新版 数量	其他载体 合计 种数	其他载体 合计 数量	其他载体 其中：新版 种数	其他载体 其中：新版 数量
全国总计	5040	11539.10	1971	2645.71	84	47.19	47	16.77	482	114.73	369	83.87
其中：少儿出版	65	49.35	42	19.22	6	0.60	6	0.60	6	0.001	6	0.001
教育	1926	10628.97	426	2289.88	14	10.16	11	7.66	34	26.62	18	22.24
语言	822	435.42	16	7.59	38	30.56	7	2.83	25	13.49	5	1.51
文学艺术	2233	454.71	1486	335.09	6	0.93	4	0.90	421	74.51	344	60.02
科技	2	2.27			16	4.50	16	4.50	1	0.10	1	0.10
经济	4	0.80	4	0.80	1	0.05	1	0.05				
体育					1	0.03	1	0.03				
军事												
文学	13	4.32	12	3.50	7	0.80	7	0.80				
综合	8	2.40	8	2.40								
其他	32	10.20	19	6.45	1	0.15			1	0.01	1	0.01

按内容分类全国各地区录音制品出版品种、数量（AT）

单位：种、万盒（张）

	AT合计 种数	AT合计 出版数量	教育 种数	教育 出版数量	语言 种数	语言 出版数量	文化艺术 种数	文化艺术 出版数量	科技 种数	科技 出版数量
全国总计	965	5230.93	943	5229.53	13	1.15	6	0.24		
中　央	549	4497.24	536	4496.09	13	1.15				
地　方	416	733.69	407	733.44			6	0.24		
北　京										
天　津	2	0.49	2	0.49						
河　北	26	4.16	26	4.16						
山　西	2	1.60	2	1.60						
内蒙古										
辽　宁										
吉　林	37	70.46	37	70.46						
黑龙江										
上　海	96	70.41	91	70.39			2	0.01		
江　苏	78	493.10	78	493.10						
浙　江	25	14.08	25	14.08						
安　徽	11	0.18	11	0.18						
福　建	8	2.28	8	2.28						
江　西	19	8.90	19	8.90						
山　东	22	2.20	22	2.20						
河　南										
湖　北	1	0.40	1	0.40						
湖　南	8	7.28	8	7.28						
广　东	74	57.84	70	57.61			4	0.23		
广　西										
海　南										
重　庆	2	0.20	2	0.20						
四　川										
贵　州										
云　南	5	0.11	5	0.11						
西　藏										
陕　西										
甘　肃										
青　海										
宁　夏										
新　疆										
兵　团										

按内容分类全国各地区录音制品出版品种、数量(续表1)(AT)

单位:种、万盒(张)

		经济		体育		军事		文学		综合		其他	
		种数	出版数量	种数	出版数量	种数	出版数量	种数	出版数量	种数	出版数量	种数	出版数量
全国总计				3	0.004								
中 央													
地 方				3	0.004								
北 京													
天 津													
河 北													
山 西													
内 蒙 古													
辽 宁													
吉 林													
黑 龙 江													
上 海				3	0.004								
江 苏													
浙 江													
安 徽													
福 建													
江 西													
山 东													
河 南													
湖 北													
湖 南													
广 东													
广 西													
海 南													
重 庆													
四 川													
贵 州													
云 南													
西 藏													
陕 西													
甘 肃													
青 海													
宁 夏													
新 疆													
兵 团													

按内容分类全国各地区录音制品出版品种、数量（续表2）（CD）

单位：种、万盒（张）

		CD合计		教育		语言		文化艺术		科技	
		种数	出版数量	种数	出版数量	种数	出版数量	种数	出版数量	种数	出版数量
全国总计		5040	11539.10	1926	10628.97	822	435.42	2233	454.71	2	2.27
中 央		2438	8370.55	1022	7838.31	655	332.37	732	188.03	2	2.27
地 方		2602	3168.55	904	2790.66	167	103.05	1501	266.68		
北 京		140	70.68	1	0.30	8	1.46	124	67.35		
天 津		8	3.27	2	1.47			6	1.80		
河 北		21	379.08	20	378.98						
山 西		42	38.20	37	37.00			5	1.20		
内 蒙 古		13	2.75					13	2.75		
辽 宁		73	86.35	63	82.80	4	2.70	1	0.05		
吉 林		49	59.93	40	57.93			8	0.60		
黑 龙 江		1	0.01					1	0.01		
上 海		1036	673.90	229	492.06	151	85.39	656	96.44		
江 苏		78	57.50	69	55.98	1	0.30	8	1.22		
浙 江		48	201.96	22	196.90			26	5.06		
安 徽		2	0.20					2	0.20		
福 建		20	5.56	12	4.71			7	0.65		
江 西		68	71.63	67	71.58			1	0.05		
山 东		95	128.14	60	122.02	1	0.10	34	6.02		
河 南		8	0.95					8	0.95		
湖 北		18	2.80	7	2.10			11	0.70		
湖 南		94	253.97	60	236.10			27	16.38		
广 东		579	1032.42	86	977.35			487	52.57		
广 西		77	37.36	73	24.10	1	13.00	3	0.27		
海 南		16	1.14	14	1.04			2	0.10		
重 庆		16	7.06	4	3.37			12	3.69		
四 川		9	0.58			1	0.10	8	0.48		
贵 州											
云 南		22	5.85					22	5.85		
西 藏											
陕 西		40	28.27	31	27.56			7	0.61		
甘 肃		1	0.30					1	0.30		
青 海											
宁 夏		6	0.50	4	0.40			2	0.10		
新 疆		22	18.19	3	16.91			19	1.29		
兵 团											

按内容分类全国各地区录音制品出版品种、数量（续表3）（CD）

单位：种、万盒（张）

	经济 种数	经济 出版数量	体育 种数	体育 出版数量	军事 种数	军事 出版数量	文学 种数	文学 出版数量	综合 种数	综合 出版数量	其他 种数	其他 出版数量
全国总计	4	0.80					13	4.32	8	2.40	32	10.20
中央							1	0.30	7	1.00	19	8.27
地方	4	0.80					12	4.02	1	1.40	13	1.93
北京							1	0.82			6	0.75
天津												
河北											1	0.10
山西												
内蒙古												
辽宁											5	0.80
吉林									1	1.40		
黑龙江												
上海												
江苏												
浙江												
安徽												
福建							1	0.20				
江西												
山东												
河南												
湖北												
湖南	4	0.80					2	0.40			1	0.28
广东							6	2.50				
广西												
海南												
重庆												
四川												
贵州												
云南												
西藏												
陕西							2	0.10				
甘肃												
青海												
宁夏												
新疆												
兵团												

按内容分类全国各地区录音制品出版品种、数量（续表4）
（DVD－A）

单位：种、万盒（张）

	DVD－A 合计 种数	数量	教育 种数	数量	语言 种数	数量	文化艺术 种数	数量	科技 种数	数量
全国总计	84	47.19	14	10.16	38	30.56	6	0.93	16	4.50
中　　央	27	7.98	1	0.10	7	2.83	2	0.40	16	4.50
地　　方	57	39.20	13	10.06	31	27.73	4	0.53		
北　　京	1	0.10	1	0.10						
天　　津										
河　　北										
山　　西										
内　蒙　古										
辽　　宁	5	0.50								
吉　　林										
黑　龙　江	5	0.05	5	0.05						
上　　海	38	30.14	1	1.80	31	27.73	4	0.53		
江　　苏	2	0.30								
浙　　江										
安　　徽										
福　　建										
江　　西										
山　　东										
河　　南										
湖　　北	2	0.60	2	0.60						
湖　　南										
广　　东										
广　　西										
海　　南										
重　　庆										
四　　川										
贵　　州										
云　　南	2	7.01	2	7.01						
西　　藏	1	0.30	1	0.30						
陕　　西	1	0.20	1	0.20						
甘　　肃										
青　　海										
宁　　夏										
新　　疆										
兵　　团										

按内容分类全国各地区录音制品出版品种、数量（续表5）
（DVD－A）

单位：种、万盒（张）

	经济 种数	经济 数量	体育 种数	体育 数量	军事 种数	军事 数量	文学 种数	文学 数量	综合 种数	综合 数量	其他 种数	其他 数量
全国总计	1	0.05	1	0.03			7	0.80			1	0.15
中　　央											1	0.15
地　　方	1	0.05	1	0.03			7	0.80				
北　　京												
天　　津												
河　　北												
山　　西												
内　蒙　古												
辽　　宁								5	0.50			
吉　　林												
黑　龙　江												
上　　海	1	0.05	1	0.03								
江　　苏								2	0.30			
浙　　江												
安　　徽												
福　　建												
江　　西												
山　　东												
河　　南												
湖　　北												
湖　　南												
广　　东												
广　　西												
海　　南												
重　　庆												
四　　川												
贵　　州												
云　　南												
西　　藏												
陕　　西												
甘　　肃												
青　　海												
宁　　夏												
新　　疆												
兵　　团												

按内容分类全国各地区录音制品出版品种、数量（续表6）
（其他载体）

单位：种、万盒（张）

	其他载体合计 种数	其他载体合计 数量	教育 种数	教育 数量	语言 种数	语言 数量	文化艺术 种数	文化艺术 数量	科技 种数	科技 数量
全国总计	482	114.73	34	26.62	25	13.49	421	74.51	1	0.10
中 央	175	59.38	19	3.01	1	0.05	154	56.22	1	0.10
地 方	307	55.35	15	23.61	24	13.44	267	18.29		
北 京	24	1.96	7	0.05			16	1.90		
天 津	7	2.42	2	0.91	5	1.51				
河 北										
山 西										
内 蒙 古	1	0.20					1	0.20		
辽 宁	22	13.02	4	1.30	18	11.72				
吉 林										
黑 龙 江										
上 海	55	4.22			1	0.21	54	4.01		
江 苏	21	2.10					21	2.10		
浙 江	1	0.05					1	0.05		
安 徽										
福 建	1	0.03					1	0.03		
江 西										
山 东	8	0.80					8	0.80		
河 南										
湖 北										
湖 南	1	0.15	1	0.15						
广 东	164	30.19	1	21.20			163	8.99		
广 西										
海 南										
重 庆										
四 川										
贵 州	2	0.20					2	0.20		
云 南										
西 藏										
陕 西										
甘 肃										
青 海										
宁 夏										
新 疆										
兵 团										

按内容分类全国各地区录音制品出版品种、数量（续表7）
（其他载体）

单位：种、万盒（张）

	经济		体育		军事		文学		综合		其他	
	种数	数量	种数	数量	种数	数量	种数	数量	种数	数量	种数	数量
全国总计											1	0.01
中　　央												
地　　方											1	0.01
北　　京											1	0.01
天　　津												
河　　北												
山　　西												
内 蒙 古												
辽　　宁												
吉　　林												
黑 龙 江												
上　　海												
江　　苏												
浙　　江												
安　　徽												
福　　建												
江　　西												
山　　东												
河　　南												
湖　　北												
湖　　南												
广　　东												
广　　西												
海　　南												
重　　庆												
四　　川												
贵　　州												
云　　南												
西　　藏												
陕　　西												
甘　　肃												
青　　海												
宁　　夏												
新　　疆												
兵　　团												

按载体形式分类全国各地区录像制品出版品种、数量及发行数量

单位：种、万盒（张）

	录像制品					录像带（VT）			
	合计		其中：新版		发行数量	合计		其中：新版	
	种数	数量	种数	数量		种数	数量	种数	数量
全国总计	4141	6239.43	2879	2130.05	5911.18				
中　央	1893	3550.90	1227	628.00	3265.09				
地　方	2248	2688.53	1652	1502.05	2646.10				
北　京	108	15.72	107	15.17	11.22				
天　津	5	1.50	5	1.50	1.50				
河　北	24	1.40	12	0.77	1.23				
山　西	45	7.88	45	7.88	4.89				
内　蒙　古	8	2.18	8	2.18	2.18				
辽　宁	35	1.69	33	1.28	2.40				
吉　林	96	13.21	95	12.76	11.93				
黑　龙　江	4	0.06	4	0.06	0.06				
上　海	514	1466.88	278	951.84	1438.40				
江　苏	52	5.55	49	4.85	5.30				
浙　江	66	14.79	50	5.34	33.99				
安　徽	44	3.71	43	3.56	4.29				
福　建	32	5.87	29	5.74	5.62				
江　西	219	517.43	62	15.05	517.93				
山　东	120	35.37	99	21.29	34.02				
河　南	21	3.03	21	3.03	2.11				
湖　北	28	11.51	15	3.36	9.49				
湖　南	131	118.00	67	31.32	119.66				
广　东	279	44.96	247	25.58	33.72				
广　西	19	4.74	13	4.14	4.74				
海　南	29	2.95	29	2.95	2.95				
重　庆	26	12.94	15	4.16	12.62				
四　川	43	2.97	43	2.97	2.71				
贵　州									
云　南	82	17.92	82	17.92	16.54				
西　藏	28	11.95	28	11.95	7.43				
陕　西	65	6.36	58	4.51	6.29				
甘　肃	9	1.11	9	1.11	1.11				
青　海	12	4.50	12	4.50	1.40				
宁　夏									
新　疆	104	352.35	94	335.29	350.38				
兵　团									

按载体形式分类全国各地区录像制品出版品种、数量及发行数量（续表）

单位：种、万盒（张）

	数码激光视盘（VCD）				高密度激光唱盘（DVD-V）				其他载体			
	合计		其中：新版		合计		其中：新版		合计		其中：新版	
	种数	数量	种数	数量	种数	数量	种数	数量	种数	数量	种数	数量
全国总计	416	933.32	118	151.08	3441	5271.48	2504	1945.92	284	34.64	257	33.05
中　央	121	547.91	13	118.76	1563	2975.36	1018	483.05	209	27.63	196	26.20
地　方	295	385.41	105	32.32	1878	2296.12	1486	1462.88	75	7.01	61	6.85
北　京	1	0.15			86	13.50	86	13.10	21	2.07	21	2.07
天　津					5	1.50	5	1.50				
河　北					24	1.40	12	0.77				
山　西					45	7.88	45	7.88				
内蒙古					8	2.18	8	2.18				
辽　宁					35	1.69	33	1.28				
吉　林	1	0.10	1	0.10	92	12.96	91	12.51	3	0.15	3	0.15
黑龙江					4	0.06	4	0.06				
上　海	104	35.51	56	19.67	394	1431.14	219	932.00	16	0.23	3	0.17
江　苏	6	1.80	6	1.80	46	3.75	43	3.05				
浙　江	4	1.10			62	13.69	50	5.34				
安　徽					44	3.71	43	3.56				
福　建					32	5.87	29	5.74				
江　西	147	334.54	28	9.05	68	182.49	30	5.60	4	0.40	4	0.40
山　东					119	35.27	98	21.19	1	0.10	1	0.10
河　南	2	0.20	2	0.20	18	2.80	18	2.80	1	0.03	1	0.03
湖　北	1	0.30	1	0.30	26	11.13	13	2.98	1	0.08	1	0.08
湖　南	5	1.34			126	116.66	67	31.32				
广　东	5	1.37	3	0.40	269	43.28	240	24.98	5	0.31	4	0.21
广　西					19	4.74	13	4.14				
海　南					29	2.95	29	2.95				
重　庆	6	6.95			20	5.99	15	4.16				
四　川					43	2.97	43	2.97				
贵　州												
云　南	8	0.80	8	0.80	54	14.26	54	14.26	20	2.86	20	2.86
西　藏					27	11.35	27	11.35	1	0.60	1	0.60
陕　西	5	1.25			58	4.93	56	4.33	2	0.18	2	0.18
甘　肃					9	1.11	9	1.11				
青　海					12	4.50	12	4.50				
宁　夏												
新　疆					104	352.35	94	335.29				
兵　团												

按内容分类全国录像制品出版品种、数量

单位：种、万盒（张）

	录像制品 合计 种数	录像制品 合计 数量	录像制品 其中：新版 种数	录像制品 其中：新版 数量	录像带（VT） 合计 种数	录像带（VT） 合计 数量	录像带（VT） 其中：新版 种数	录像带（VT） 其中：新版 数量
全国总计	4141	6239.43	2879	2130.05				
其中：少儿出版	342	1647.84	231	1127.44				
教育	1476	4889.05	583	1211.48				
影视作品	1143	171.39	1108	166.18				
音乐舞蹈	396	129.34	317	70.91				
社会科学	385	553.78	361	410.10				
语言	40	27.99	15	19.03				
体育	47	8.79	27	5.34				
文学	18	5.17	17	5.09				
医药卫生	93	19.90	87	17.97				
农业科学	115	113.02	48	5.79				
综合	81	21.16	71	11.44				
其他	347	299.85	245	206.71				

续表1

	数码激光视盘（VCD） 合计 种数	数量	其中：新版 种数	数量	高密度激光视盘（DVD-V） 合计 种数	数量	其中：新版 种数	数量	其他载体 合计 种数	数量	其中：新版 种数	数量
全国总计	416	933.32	118	151.08	3441	5271.48	2504	1945.92	284	34.64	257	33.05
其中：少儿出版	108	196.03	75	138.99	231	1451.48	153	988.12	3	0.33	3	0.33
教育	267	636.39	93	30.86	1087	4235.16	374	1164.25	122	17.50	116	16.37
影视作品	2	0.20	2	0.20	1095	166.44	1074	161.66	46	4.76	32	4.32
音乐舞蹈	14	5.85	4	0.65	359	121.66	294	68.45	23	1.83	19	1.81
社会科学	10	11.28	2	0.40	340	537.14	324	404.34	35	5.36	35	5.36
语言	2	0.21			38	27.78	15	19.03				
体育	3	1.30	1	0.10	39	6.29	23	4.04	5	1.20	3	1.20
文学					18	5.17	17	5.09				
医药卫生					83	19.59	77	17.66	10	0.31	10	0.31
农业科学	51	89.41			60	23.21	44	5.39	4	0.40	4	0.40
综合	2	1.80			49	16.81	41	8.89	30	2.55	30	2.55
其他	65	186.88	16	118.87	273	112.22	221	87.11	9	0.74	8	0.74

按内容分类全国各地区录像制品出版品种、数量
（VCD）

单位：种、万盒（张）

	VCD合计 种数	VCD合计 数量	教育 种数	教育 数量	语言 种数	语言 数量	文学 种数	文学 数量	体育 种数	体育 数量	影视作品 种数	影视作品 数量
全国总计	**416**	**933.32**	**267**	**636.39**	**2**	**0.21**			**3**	**1.30**	**2**	**0.20**
中央	**121**	**547.91**	**93**	**422.27**	**1**	**0.01**			**2**	**1.20**	**1**	**0.10**
地方	**295**	**385.41**	**174**	**214.12**	**1**	**0.20**			**1**	**0.10**	**1**	**0.10**
北京	1	0.15	1	0.15								
天津												
河北												
山西												
内蒙古												
辽宁												
吉林	1	0.10										
黑龙江												
上海	104	35.51	101	35.16								
江苏	6	1.80	6	1.80								
浙江	4	1.10	4	1.10								
安徽												
福建												
江西	147	334.54	49	168.75								
山东												
河南	2	0.20							1	0.10	1	0.10
湖北	1	0.30										
湖南	5	1.34	5	1.34								
广东	5	1.37	2	0.97								
广西												
海南												
重庆	6	6.95	1	3.60	1	0.20						
四川												
贵州												
云南	8	0.80										
西藏												
陕西	5	1.25	5	1.25								
甘肃												
青海												
宁夏												
新疆												
兵团												

按内容分类全国各地区录像制品出版品种、数量（续表1）
（VCD）

单位：种、万盒（张）

	音乐舞蹈 种数	音乐舞蹈 数量	社会科学 种数	社会科学 数量	医药卫生 种数	医药卫生 数量	农业科学 种数	农业科学 数量	综合 种数	综合 数量	其他 种数	其他 数量
全国总计	14	5.85	10	11.28			51	89.41	2	1.80	65	186.88
中　　央	4	1.95	1	0.20					2	1.80	17	120.39
地　　方	10	3.90	9	11.08			51	89.41			48	66.50
北　　京												
天　　津												
河　　北												
山　　西												
内 蒙 古												
辽　　宁												
吉　　林			1	0.10								
黑 龙 江												
上　　海	3	0.35										
江　　苏												
浙　　江												
安　　徽												
福　　建												
江　　西			7	10.68			51	89.41			40	65.70
山　　东												
河　　南												
湖　　北			1	0.30								
湖　　南												
广　　东	3	0.40										
广　　西												
海　　南												
重　　庆	4	3.15										
四　　川												
贵　　州												
云　　南												8	0.80
西　　藏												
陕　　西												
甘　　肃												
青　　海												
宁　　夏												
新　　疆												
兵　　团												

按内容分类全国各地区录像制品出版品种、数量（续表2）（DVD－V）

单位：种、万盒（张）

	DVD-V 合计 种数	DVD-V 合计 数量	教育 种数	教育 数量	语言 种数	语言 数量	文学 种数	文学 数量	体育 种数	体育 数量	影视作品 种数	影视作品 数量
全国总计	3441	5271.48	1087	4235.16	38	27.78	18	5.17	39	6.29	1095	166.44
中　　央	1563	2975.36	569	2657.58	21	11.30	1	1.00	14	1.46	543	84.00
地　　方	1878	2296.12	518	1577.58	17	16.48	17	4.17	25	4.83	552	82.43
北　　京	86	13.50	6	0.80					2	1.30	38	4.62
天　　津	5	1.50										
河　　北	24	1.40							9	0.22	3	0.07
山　　西	45	7.88	31	3.98							1	0.10
内　蒙　古	8	2.18					4	1.60				
辽　　宁	35	1.69	5	0.47					1	0.55	2	0.10
吉　　林	92	12.96	37	3.35	1	0.05	2	0.10	4	0.65		
黑　龙　江	4	0.06	4	0.06								
上　　海	394	1431.14	238	1386.87	10	8.25	1	0.08			73	2.38
江　　苏	46	3.75	7	0.96							11	0.70
浙　　江	62	13.69	7	4.15							34	6.52
安　　徽	44	3.71	1	0.15							2	0.60
福　　建	32	5.87	4	0.28			5	0.80			2	0.90
江　　西	68	182.49	22	34.39								
山　　东	119	35.27	23	13.53	2	0.30	1	0.10	2	0.21	38	11.75
河　　南	18	2.80	7	0.61					3	0.30		
湖　　北	26	11.13	14	8.05								
湖　　南	126	116.66	50	79.32							62	28.94
广　　东	269	43.28	33	25.36			1	0.10	4	1.60	178	11.52
广　　西	19	4.74	6	0.60							1	1.60
海　　南	29	2.95	1	0.05							17	0.85
重　　庆	20	5.99	1	0.43								
四　　川	43	2.97	1	0.10							27	0.95
贵　　州												
云　　南	54	14.26									2	1.01
西　　藏	27	11.35					1	0.30			2	0.50
陕　　西	58	4.93	7	0.95							34	1.70
甘　　肃	9	1.11	3	0.15								
青　　海	12	4.50										
宁　　夏												
新　　疆	104	352.35	10	12.96	4	7.87	2	1.09			25	7.64
兵　　团												

按内容分类全国各地区录像制品出版品种、数量（续表3）（DVD－V）

单位：种、万盒（张）

	音乐舞蹈 种数	音乐舞蹈 数量	社会科学 种数	社会科学 数量	医药卫生 种数	医药卫生 数量	农业科学 种数	农业科学 数量	综合 种数	综合 数量	其他 种数	其他 数量
全国总计	359	121.66	340	537.14	83	19.59	60	23.21	49	16.81	273	112.22
中　央	96	39.36	138	81.26	32	10.18	7	1.20	32	11.81	110	76.20
地　方	263	82.30	202	455.88	51	9.41	53	22.01	17	5.00	163	36.03
北　京	25	4.45	1	0.05	1	0.80			2	0.08	11	1.41
天　津	1	0.30									4	1.20
河　北	1						1	0.04	1	0.08	9	0.99
山　西	2	0.15	5	0.65	6	3.00						
内蒙古	3	0.48									1	0.10
辽　宁	1	0.01	3	0.05	5	0.10					18	0.41
吉　林	6	4.31	25	1.80			2	0.50	1	0.80	14	1.40
黑龙江												
上　海	55	32.10	11	0.45	4	0.88			1	0.13	1	0.01
江　苏	14	1.35							1	0.50	13	0.24
浙　江	5	0.30	11	1.34	3	0.85			1	0.50	1	0.03
安　徽	1	0.20	13	1.56							27	1.20
福　建	14	2.84	3	0.30	3	0.15					1	0.60
江　西			14	131.40	6	1.80	26	14.90				
山　东	14	3.06	38	4.72							1	1.60
河　南	2	1.55			2	0.15					4	0.20
湖　北	5	0.37	3	2.30			2	0.01	1	0.20	1	0.20
湖　南	10	7.38	1	0.03	1	0.50					2	0.50
广　东	25	2.27			12	0.05			2	0.55	14	1.84
广　西	1	0.21	6	1.62	2	0.26	1	0.30			2	0.15
海　南	4	0.80	7	1.25								
重　庆	5	2.00			1	0.06	2	0.40			11	3.10
四　川	5	0.41	2	0.70					1	0.06	7	0.75
贵　州												
云　南	34	10.96	3	0.65	1	0.02	7	0.72	2	0.20	5	0.70
西　藏	5	0.80	16	8.75					2	0.90	1	0.10
陕　西	12	1.49	1	0.10	1	0.02					3	0.67
甘　肃	3	0.50									3	0.46
青　海	6	0.60	4	2.90					2	1.00		
宁　夏												
新　疆	4	3.43	35	295.26	3	0.79	12	5.14			9	18.17
兵　团												

按内容分类全国各地区录像制品出版品种、数量（续表4）
（其他载体）

单位：种、万盒（张）

	其他载体合计 种数	其他载体合计 数量	教育 种数	教育 数量	语言 种数	语言 数量	文学 种数	文学 数量	体育 种数	体育 数量	影视作品 种数	影视作品 数量
全国总计	**284**	**34.64**	**122**	**17.50**					**5**	**1.20**	**46**	**4.76**
中　央	**209**	**27.63**	**116**	**17.28**							**36**	**4.47**
地　方	**75**	**7.01**	**6**	**0.22**					**5**	**1.20**	**10**	**0.29**
北　京	21	2.07	1	0.01					3	1.20		
天　津												
河　北												
山　西												
内蒙古												
辽　宁												
吉　林	3	0.15	3	0.15								
黑龙江												
上　海	16	0.23	1	0.03					2	0.004	7	0.04
江　苏												
浙　江												
安　徽												
福　建												
江　西	4	0.40										
山　东	1	0.10										
河　南	1	0.03	1	0.03								
湖　北	1	0.08										
湖　南												
广　东	5	0.31									3	0.25
广　西												
海　南												
重　庆												
四　川												
贵　州												
云　南	20	2.86										
西　藏	1	0.60										
陕　西	2	0.18										
甘　肃												
青　海												
宁　夏												
新　疆												
兵　团												

按内容分类全国各地区录像制品出版品种、数量（续表5）
（其他载体）

单位：种、万盒（张）

	音乐舞蹈		社会科学		医药卫生		农业科学		综合		其他	
	种数	数量	种数	数量	种数	数量	种数	数量	种数	数量	种数	数量
全国总计	23	1.83	35	5.36	10	0.31	4	0.40	30	2.55	9	0.74
中　　央	1	0.10	18	2.59	3	0.15			28	2.42	7	0.63
地　　方	22	1.73	17	2.77	7	0.16	4	0.40	2	0.13	2	0.11
北　　京	14	0.70							1	0.05	2	0.11
天　　津												
河　　北												
山　　西												
内 蒙 古												
辽　　宁												
吉　　林												
黑 龙 江												
上　　海	4	0.02	2	0.14								
江　　苏												
浙　　江												
安　　徽												
福　　建												
江　　西							4	0.40				
山　　东			1	0.10								
河　　南												
湖　　北									1	0.08		
湖　　南												
广　　东					2	0.06						
广　　西												
海　　南												
重　　庆												
四　　川												
贵　　州												
云　　南	2	0.31	13	2.45	5	0.10						
西　　藏	1	0.60										
陕　　西	1	0.10	1	0.08								
甘　　肃												
青　　海												
宁　　夏												
新　　疆												
兵　　团												

按载体形式分类全国各地区电子出版物出版品种、数量及发行数量

单位：种、万盒（张）

地区	电子出版物 合计 种数	电子出版物 合计 数量	其中：新版 种数	其中：新版 数量	发行数量	只读光盘（CD-ROM）合计 种数	只读光盘 合计 数量	其中：新版 种数	其中：新版 数量
全国总计	9070	29261.88	3729	4839.02	24600.34	5910	23340.51	2150	2995.68
中　　央	4989	22076.36	1235	2548.46	17398.03	3332	17789.53	643	1774.59
地　　方	4081	7185.52	2494	2290.57	7202.32	2578	5550.99	1507	1221.09
北　　京	28	48.33	28	48.33	57.26	13	46.59	13	46.59
天　　津	32	8.75	31	7.75	8.55	13	3.65	13	3.65
河　　北	104	159.86	35	24.62	159.80	75	134.52	16	14.42
山　　西	61	3.21	61	3.21	3.21	48	2.56	48	2.56
内 蒙 古	88	40.33	58	7.83	40.70	81	31.85	58	7.83
辽　　宁	142	93.99	77	16.01	95.36	120	89.98	61	13.76
吉　　林	59	17.57	59	17.57	17.57	24	14.57	24	14.57
黑 龙 江	12	79.45	12	79.45	79.45	12	79.45	12	79.45
上　　海	464	943.00	41	14.40	926.09	324	835.55	18	2.82
江　　苏	490	2577.32	131	721.18	2570.84	291	2460.11	57	684.05
浙　　江	418	968.72	263	58.87	967.99	180	768.42	89	18.49
安　　徽	7	1.28	6	1.08	1.28				
福　　建	21	8.05	21	8.05	8.05	8	2.41	8	2.41
江　　西	32	6.76	31	6.70	6.81	19	5.96	18	5.90
山　　东	364	85.35	258	22.97	120.04	236	23.29	229	19.62
河　　南	262	14.29	262	14.29	13.05	5	0.03	5	0.03
湖　　北	101	18.21	88	15.94	18.97	75	8.01	67	6.34
湖　　南	93	222.31	26	31.19	222.09	75	162.69	23	30.72
广　　东	354	917.03	187	330.81	914.33	249	617.44	92	33.31
广　　西	7	1.54	7	1.54	1.54	2	0.21	2	0.21
海　　南	3	0.15	3	0.15	0.15	3	0.15	3	0.15
重　　庆	129	60.66	43	11.98	61.09	40	16.18	2	0.20
四　　川	580	121.98	550	112.99	119.38	566	120.31	538	111.62
贵　　州	4	0.70	4	0.70	0.70				
云　　南	56	103.74	49	95.81	105.74	10	88.95	5	84.66
西　　藏	30	3.50	30	3.50	3.50	20	2.00	20	2.00
陕　　西	118	49.65	111	3.86	48.99	83	2.77	80	2.37
甘　　肃									
青　　海									
宁　　夏									
新　　疆	22	629.79	22	629.79	629.79	6	33.36	6	33.36
兵　　团									

按载体形式分类全国各地区电子出版物出版品种、数量及发行数量（续表）

单位：种、万盒（张）

	高密度只读光盘（DVD-ROM）				交互式光盘（CD-I）				其他载体			
	合计		其中：新版		合计		其中：新版		合计		其中：新版	
	种数	数量	种数	数量	种数	数量	种数	数量	种数	数量	种数	数量
全国总计	2555	5618.59	1046	1766.94	1	0.85	1	0.85	604	301.92	532	75.55
中　央	1346	4001.17	331	711.46					311	285.66	261	62.40
地　方	1209	1617.42	715	1055.48	1	0.85	1	0.85	293	16.26	271	13.15
北　京	10	1.44	10	1.44					5	0.30	5	0.30
天　津	14	4.70	13	3.70					5	0.40	5	0.40
河　北	29	25.34	19	10.20								
山　西	13	0.65	13	0.65								
内蒙古	7	8.48										
辽　宁	17	3.96	11	2.20					5	0.05	5	0.05
吉　林	35	3.00	35	3.00								
黑龙江												
上　海	123	105.52	16	10.44					17	1.94	7	1.13
江　苏	178	116.92	53	36.84					21	0.29	21	0.29
浙　江	118	197.93	54	38.01					120	2.37	120	2.37
安　徽	7	1.28	6	1.08								
福　建	12	5.63	12	5.63					1	0.02	1	0.02
江　西	12	0.77	12	0.77					1	0.03	1	0.03
山　东	114	59.75	26	3.24					14	2.31	3	0.11
河　南	222	12.54	222	12.54					35	1.72	35	1.72
湖　北	23	10.03	18	9.43					3	0.17	3	0.17
湖　南	18	59.63	3	0.47								
广　东	73	295.17	64	293.17					32	4.43	31	4.33
广　西	4	0.48	4	0.48	1	0.85	1	0.85				
海　南												
重　庆	84	44.35	36	11.65					5	0.13	5	0.13
四　川	7	1.30	5	1.00					7	0.37	7	0.37
贵　州									4	0.70	4	0.70
云　南	44	14.75	42	11.11					2	0.04	2	0.04
西　藏	10	1.50	10	1.50								
陕　西	19	45.89	15	0.51					16	0.99	16	0.99
甘　肃												
青　海												
宁　夏												
新　疆	16	596.43	16	596.43								
兵　团												

五、出版物印刷

全国出版物印刷生产情况

指标名称	企业家数	印刷产量 黑白	印刷产量 彩色	装订产量	用纸量
计量单位	个	万令	万对开色令	万令	万令
全国总计	9014	24906.68	119583.77	34738.73	51814.38
北　京	808	1801.76	13439.03	2671.36	3634.73
天　津	201	378.24	2457.41	325.28	927.94
河　北	676	2664.22	3760.12	4970.49	3591.06
山　西	153	210.30	1496.27	317.98	613.15
内 蒙 古	194	157.32	911.28	165.15	369.76
辽　宁	157	501.82	2547.05	664.82	1069.73
吉　林	211	676.42	2182.60	460.64	1323.57
黑 龙 江	155	208.53	1224.75	278.06	513.64
上　海	185	454.38	9417.61	476.95	3120.84
江　苏	443	1392.67	7008.78	1905.13	3718.82
浙　江	705	2173.76	13232.51	2778.08	5492.54
安　徽	354	796.68	3961.56	1311.85	1840.68
福　建	274	634.79	1452.06	657.77	956.93
江　西	143	787.29	1501.88	921.96	1132.37
山　东	605	2912.15	7674.81	3573.52	5032.39
河　南	449	814.88	3582.73	1315.51	1635.04
湖　北	374	1430.96	4208.44	1740.57	2497.91
湖　南	411	883.64	5660.49	1295.66	1881.04
广　东	808	2628.47	17397.33	5299.61	6718.05
广　西	252	545.44	3525.40	526.95	1118.82
海　南	37	53.95	1087.90	38.53	277.91
重　庆	110	314.97	1400.62	371.54	571.44
四　川	307	1141.86	3415.69	948.40	1469.18
贵　州	166	102.81	1183.41	153.23	291.86
云　南	184	282.19	1862.97	326.00	468.23
西　藏	28	41.74	131.18	40.55	65.18
陕　西	247	477.32	2157.19	598.42	751.93
甘　肃	96	178.06	422.17	192.89	233.07
青　海	42	34.73	316.25	63.89	80.59
宁　夏	104	44.63	116.62	43.22	67.59
新　疆	128	174.54	773.73	296.68	330.67
兵　团	7	6.16	73.93	8.04	17.72

全国出版物印刷企业财务情况

单位：家，万元，人

地区	单位数	资产年末合计	负债年末合计	所有者权益年末合计	主营业务收入	营业利润	利润总额	年末平均人数
全国总计	9014	25730906.19	12775096.14	12845690.51	16424207.02	909843.00	1030429.05	408615
北京	808	3020303.85	1539625.69	1425401.06	1660860.19	116140.97	119658.37	28793
天津	201	469544.81	287954.92	181589.89	282011.40	-6476.65	1151.61	6880
河北	676	1195935.80	543867.16	652068.64	719602.99	88925.09	92558.39	29283
山西	153	305871.65	181960.83	123910.82	164265.94	3516.80	4006.80	6668
内蒙古	194	160379.63	81820.77	78220.03	80836.16	2848.51	3404.16	3500
辽宁	157	409536.53	248144.36	147994.82	190000.43	-247.43	2368.83	5865
吉林	211	302831.38	161534.58	141296.80	205358.97	10801.03	12430.78	6208
黑龙江	155	216622.73	100567.69	116055.04	100501.14	-639.84	184.67	4093
上海	185	1551658.51	720666.94	830991.57	1140967.35	29656.10	45966.77	15133
江苏	443	1596691.22	782104.57	814586.65	1163302.10	79484.82	92065.74	29062
浙江	705	2252134.13	1193027.61	1057606.53	1393071.01	40453.82	50808.00	31994
安徽	354	913357.63	397852.29	515505.35	552917.69	41548.17	45903.68	13738
福建	274	864727.81	357281.92	506813.54	548126.46	28798.68	32294.58	14792
江西	143	530813.53	275142.39	255671.13	303588.15	10478.70	11319.78	7242
山东	605	2626032.89	1228983.07	1397049.82	1687485.85	166886.39	170717.77	39539
河南	449	810671.72	376176.82	434494.89	510007.13	16331.76	21124.17	16176
湖北	374	723867.41	374470.51	349396.90	507383.61	16580.92	20529.92	15588
湖南	411	999951.26	389765.68	598763.31	850104.65	80053.50	89750.48	17272
广东	808	3541583.77	1898145.91	1641679.20	2555008.87	78587.53	87454.79	63781
广西	252	597942.92	281591.01	304724.73	299587.60	30148.68	31210.44	6697
海南	37	129297.03	42684.85	86612.18	68902.72	7712.15	8077.78	1528
重庆	110	518806.44	280760.33	231012.74	302347.45	32335.17	33917.24	6289
四川	307	383973.97	181725.23	202248.74	273528.09	9349.87	14262.46	8786
贵州	166	199628.14	117911.10	75118.42	93893.84	2181.91	2846.27	3536
云南	184	364870.39	149577.97	215292.42	193323.14	16380.78	17973.63	5838
西藏	28	57608.51	24615.20	32993.31	29591.78	943.96	1945.95	826
陕西	247	476181.59	254573.48	221608.11	266246.71	8847.13	10309.66	9257
甘肃	96	164553.60	115772.85	48780.75	93484.69	-1121.93	-1391.84	3995
青海	42	49132.38	29247.44	19884.94	27229.16	-909.00	-349.54	1295
宁夏	104	57472.59	33773.31	23165.47	31605.03	-576.30	417.38	1216
新疆	128	206108.36	105984.52	100123.84	114702.48	595.75	6064.46	3282
兵团	7	32814.01	17785.14	15028.87	14364.24	225.96	1445.87	463

六、出版物发行

全国新华书店系统、出版社自办发行单位出版物发行进、销、存情况

单位：万册（张、份、盒）、万元

	购进 数量	购进 金额	销售 数量	销售 金额	库存 数量	库存 金额
全国总计	2360064	36618876	2331486	35655010	717123	14771552
中　央	278453	8314451	270449	7979838	150363	5336127
地　方	2081610	28304425	2061037	27675172	566761	9435424
北　京	24213	679449	24814	705372	13267	470324
天　津	13363	252919	13362	246286	6111	142071
河　北	96830	1152576	99964	1180015	42183	182043
山　西	39886	512290	40661	509340	15163	188425
内蒙古	26434	285511	26955	274777	2753	66564
辽　宁	30505	474501	30405	482060	10112	226814
吉　林	23609	461696	23897	460583	5819	146201
黑龙江	13771	261092	14415	263906	4111	85234
上　海	52330	1370087	50915	1307191	27919	931358
江　苏	224933	2833178	209057	2647738	94735	1248712
浙　江	152904	2590693	157605	2526249	45127	1104044
安　徽	118413	1449321	120844	1495850	20139	324536
福　建	46612	539043	46856	551618	10604	143469
江　西	94479	1382830	96728	1406764	12644	228084
山　东	171101	2244162	171719	2127171	58292	817569
河　南	183589	1538938	184966	1531478	16987	238854
湖　北	72260	1013753	73297	1035506	9526	207696
湖　南	131507	1806914	114166	1691666	60985	702734
广　东	102809	1340527	105158	1284522	34096	568194
广　西	81448	846488	81194	847527	6317	144376
海　南	15807	193702	15457	195179	1712	26745
重　庆	41445	539507	40917	511104	6820	131081
四　川	86918	1495273	80377	1372912	20716	518978
贵　州	41402	430625	41047	426956	3635	32366
云　南	38149	519570	38567	527956	5516	110167
西　藏	3975	42962	3922	38976	986	12328
陕　西	69812	862535	71456	865705	16529	220846
甘　肃	30223	347453	30382	350850	4006	41229
青　海	2455	39165	2371	39073	1439	12409
宁　夏	6765	104626	6687	100745	1153	22917
新　疆	43665	693036	42876	670098	7359	139061

全国新华书店系统、出版社自办发行单位出版物纯销售情况

单位：万元

	总计	零售合计	市、县	县以下	批给县以下单位或个人	出口
全国总计	10599158	10499438	8795872	1703566	77424	22296
中　央	622350	570399	568240	2159	32002	19949
地　方	9976808	9929040	8227632	1701407	45422	2347
北　京	147475	147212	109503	37709		263
天　津	47769	47769	45974	1796		
河　北	497192	496855	383802	113054	337	
山　西	420158	415225	368905	46321	4933	
内蒙古	158940	158841	145923	12919	99	
辽　宁	129722	129722	128763	960		
吉　林	98188	96180	72568	23613	2008	
黑龙江	130937	130937	100994	29943		
上　海	239729	238169	238169			1560
江　苏	719767	700317	458364	241953	19415	34
浙　江	974742	974503	939675	34828	224	14
安　徽	500444	500267	399921	100346		177
福　建	221427	221358	179289	42069		68
江　西	481998	481917	308857	173060		81
山　东	778324	778271	661494	116777	48	4
河　南	653126	651341	386593	264748	1785	
湖　北	141774	141083	131358	9725	686	5
湖　南	568781	568579	483169	85410	201	
广　东	371169	367821	338568	29253	3208	140
广　西	298794	298794	211267	87527		
海　南	63610	63610	63610			
重　庆	191081	191081	171407	19674		
四　川	768816	768733	768733		83	
贵　州	217548	216610	154480	62130	939	
云　南	378154	378154	302534	75620		
西　藏	23866	23866	23857	9		
陕　西	311580	300152	278986	21166	11428	
甘　肃	154927	154927	91674	63254		
青　海	34615	34615	27719	6896		
宁　夏	35112	35112	35112			
新　疆	217044	217015	216365	650	28	

全国新华书店系统、出版社自办发行单位出版物销售分类情况

单位：万册（张、份、盒）、万元、%

	2018年 数量	2018年 金额	2019年 数量	2019年 金额	增减 数量	增减 金额	2018年各类所占百分比 数量	2018年各类所占百分比 金额	2019年各类所占百分比 数量	2019年各类所占百分比 金额
销售总计	2170763	32133713	2331486	35655010	7	11				
零售合计	755252	9629045	826522	10499438	9	9	100.00	100.00	100.00	100.00
图书	744753	9263786	814155	10079724	9	9	98.61	96.21	98.50	96.00
哲学、社会科学	27754	662221	29745	727532	7	10	3.67	6.88	3.60	6.93
文化、教育	660242	7208772	732743	8040225	11	12	87.42	74.86	88.65	76.58
其中：中小学课本及教参	293024	2598855	330186	2863039	13	10	38.80	26.99	39.95	27.27
教辅读物	309001	3493129	339780	3938009	10	13	40.91	36.28	41.11	37.51
文学、艺术	26392	655420	26748	681178	1	4	3.49	6.81	3.24	6.49
自然科学、技术	16485	448689	15479	415636	-6	-7	2.18	4.66	1.87	3.96
综合	13881	288683	9441	215152	-32	-25	1.84	3.00	1.14	2.05
少年儿童读物	22754	497061	22335	522697	-2	5	3.01	5.16	2.70	4.98
大中专教材、业余教育及教参	13336	307301	13681	304214	3	-1	1.77	3.19	1.66	2.90
期刊	3329	128164	5480	151293	65	18	0.44	1.33	0.66	1.44
报纸	2068	12236	755	11897	-63	-3	0.27	0.13	0.09	0.11
音像制品	4550	57097	5737	65518	26	15	0.60	0.59	0.69	0.62
电子出版物	552	10725	395	7562	-28	-29	0.07	0.11	0.05	0.07
数字出版物		157036		183444		17		1.63		1.75
非出版物商品		3110118		2095904		-33				

全国出版物发行网点数量和人数

单位：处、人

	发行网点 合计	新华书店及其发行网点	供销社	出版社	邮政系统	新华书店系统外批发网点	集个体零售	新华书店系统出版社自办发行从业人数 全部职工	其中：新华书店及发行网点
全国总计	181106	10138	10	392	39178	15002	116386	123320	114278
中　央	69			69				763	
地　方	181037	10138	10	323	39178	15002	116386	122557	114278
北　京	12002	108		18	2217	2737	6922	3195	2683
天　津	2229	38		12	518	295	1366	1382	1215
河　北	8144	321		9	2436	281	5097	7420	6527
山　西	3288	503		7	335	207	2236	4316	3676
内蒙古	3707	324		7		1080	2296	3532	3466
辽　宁	4691	128		15	356	294	3898	1695	1580
吉　林	1430	95		14	128	175	1018	3975	2200
黑龙江	2698	137	10	5	272	172	2102	2631	2593
上　海	3577	85		73	536	1209	1674	2116	1506
江　苏	17067	926		18	1402	481	14240	5493	5353
浙　江	16067	826		10	2201	470	12560	6259	6146
安　徽	8804	642		8	1936	1185	5033	6019	5851
福　建	3870	126		18	660	217	2849	3241	3171
江　西	5936	301		7	2815	301	2512	2646	2525
山　东	7291	590		3	485	435	5778	7878	7862
河　南	14713	1620		12	6102	618	6361	13982	12542
湖　北	5161	96		14	246	751	4054	4324	3994
湖　南	10763	1203		13	4353	705	4489	7557	7348
广　东	8048	344		1		966	6737	5772	5771
广　西	4792	219		11	1180	239	3143	3834	3724
海　南	1091	57		5	326	199	504	1061	1040
重　庆	4444	52		8	1618	224	2542	1783	1618
四　川	8883	203			1855	421	6404	7777	7777
贵　州	3609	115		6	641	177	2670	527	501
云　南	5239	357			1825	167	2890	3879	3879
西　藏	263	54		1	1	25	182	310	300
陕　西	4364	192		23	1068	365	2716	4240	3891
甘　肃	3950	219			1655	268	1808	2168	2168
青　海	517	60			189	27	241	487	487
宁　夏	954	33		1	278	95	547	353	350
新　疆	3445	164		4	1544	216	1517	2705	2534

七、出版物进出口

全国图书、期刊、报纸进出口情况

		出口 数量（万册、份）	出口 金额（万美元）	进口 数量（万册、份）	进口 金额（万美元）
	总 计	1472.85	6079.69	4206.50	38560.51
图书	合 计	1134.37	5521.35	3139.18	24147.74
	哲学、社会科学	176.72	1566.51	185.01	3327.95
	文化、教育	123.99	851.82	753.45	6239.37
	文学、艺术	107.82	841.12	507.58	4444.72
	自然、科学技术	39.19	366.34	81.28	2691.90
	少儿读物	480.95	652.08	1156.84	3841.71
	综合性图书	205.70	1243.48	455.02	3602.09
期 刊		294.87	516.34	295.34	13365.54
报 纸		43.61	42.00	771.98	1047.23

注：以上数据为全国有出版物进口经营许可证的出版物进出口经营单位数据。

全国音像、电子出版物进出口情况

		出口 数量（盒、张）	出口 金额（万美元）	进口 数量（盒、张）	进口 金额（万美元）
	总 计	11126.00	205.90	113804.00	41116.31
录音	合 计	10286.00	55.30	108721.00	95.06
	录音带（AT）				
	激光唱片（CD）	2868.00	14.25	108721.00	95.06
	数码激光唱盘（DVD-A）	7418.00	41.05		
录像	合 计	840.00	0.99	5083.00	9.11
	录像带（VT）				
	数码激光视盘（DVD-V）	840.00	0.99	5083.00	9.11
	数码激光视盘（VCD）				
电子出版物					
数字出版物			149.61		41012.14

注：以上数据为全国有出版物进口经营许可证的出版物进出口经营单位数据。

八、版权管理及贸易

全国版权合同登记情况统计

单位：份

	合计	图书	期刊	音像制品	电子出版物	软件	电影	电视节目	其他
全国总计	20313	16144	74	1563	296	1156			1080
中国版权保护中心	1661			1524		137			
北京	8212	8066	73		72	1			
天津	431	428				3			
河北	236	236							
山西	9	9							
内蒙古									
辽宁	227	227							
吉林	91	91							
黑龙江	277	277							
上海	1104	991		38	75				
江苏	1562	730			25	807			
浙江	908	677			45	186			
安徽	59	59							
福建	69	57				12			
江西	320	320							
山东	364	364							
河南	229	229							
湖北	391	313			2				76
湖南	357	355	1						1
广东	1298	218			77				1003
广西	195	195							
海南	160	160							
重庆	230	230							
四川	1102	1094				8			
贵州	67	67							
云南	258	258							
西藏	16	15		1					
陕西	303	301				2			
甘肃	75	75							
青海									
宁夏	78	78							
新疆	24	24							

全国作品自愿登记情况统计

单位：份

	合计	文字	口述	音乐	曲艺	舞蹈	杂技	美术	摄影	建筑	影视	设计图	地图	模型	其他
全国总计①	2967177	192974	923	17467	397	164	16	1370975	1179451	262	93331	15393	929	549	94346
中国版权保护中心	548100	27786	8	4309	6	55		333184	163604	6	9289	1060	221	2	8570
北京	1003091	4360		4013				270081	707450		2397	851	6	6	13927
天津	58117	366		5				29913	8002		19746	79	2		4
河北	19004	3839	4	80	214	16	1	11633	2036		91	50	10	42	988
山西	455	79		31	1	1		274			42	25			2
内蒙古	1343	244	10	149	1	3		648	68		8	8			204
辽宁	10512	1995		809			1	5434	194			2			2077
吉林	5930	267		139		10		4923			4	3	2		582
黑龙江	658	305		118				167	63		5				
上海	291803	22532		742		11		151357	59283	1	13015	812	75		43975
江苏	246607	46897	332	743	71	25	3	161241	18335	9	16253	1587	159	6	946
浙江	24796	1675		98		1		20263	2022		43	13	2		679
安徽	42378	692		54	1	1		8568	32027		130	649	5	49	202
福建	111955	936	3	1202	13		2	105196	1012	131	2484	574	10	177	215
江西	12808	5863	187	53				5352	246		773	15	24	1	294
山东	100309	6326	236	528	11	4	2	20325	70959	3	1355	448	5	7	100
河南	1831	738		24				742	193		79	3	7		45
湖北	45018	4522		47	2	5		31609	7074		302	7	153		1297
湖南	5030	991		64	51		2	1854	633	24	500	484	6		421
广东	49337	2064	18	1372	7	1		34990	4021		2505	1225	168	9	2957
广西	3003	458		157				1706	18		173	474		1	16
海南	186	33		28		1		82	4		1	23			14
重庆	157692	4181	1	601	1	3		62072	51751	17	21449	1357	28	35	16196
四川	171086	52747	42	1687	16	24	4	64534	46961	64	1640	3178	10	163	16
贵州	36995	698	82	117	1	1		30317	2630	7	327	2401	11	48	355
云南	1160	389		77				280	348		10				56
西藏	31	1						26							4
陕西	15982	1815		113	1			13049	91		712	9			192
甘肃	819	32		19		2	1	329	425						11
青海	1	1													
宁夏	214	31		3				131			49				
新疆	926	111		85				695	1		6	9	15	3	1

注：①包括通过中国版权保护中心数字版权登记业务信息管理平台登记的数字作品265559份。

引进出版物版权汇总表

原版权所在国家或地区名称	合 计	图 书	录音制品	录像制品	电子出版物
引进出版物版权总数（项）	15977	15684	78	204	11
美国	4322	4234	15	73	
英国	3420	3409	3	7	1
德国	1234	1225	3	6	
法国	1056	1046	2	8	
俄罗斯	82	75		7	
加拿大	108	103		5	
新加坡	264	236	22	6	
日本	2224	2162	4	52	6
韩国	407	404			3
中国香港	216	203	10	3	
中国澳门	3	3			
中国台湾	816	797	19		
其他	1825	1787		37	1

输出出版物版权汇总表

版权购买者所在国家或地区名称	合 计	图 书	录音制品	录像制品	电子出版物
输出出版物版权总数（项）	14816	13680	290	8	838
美国	1003	614			389
英国	505	493			12
德国	389	381			8
法国	194	170			24
俄罗斯	954	947	2	3	2
加拿大	130	130			
新加坡	476	404			72
日本	361	357			4
韩国	918	836	3	1	78
中国香港	1137	879	253	2	3
中国澳门	12	11	1		
中国台湾	1556	1441	10		105
其他	7181	7017	21	2	141

全国版权执法情况

案件查处情况				收缴盗版品情况			
项　目	上年度数量	本年度数量	同比增减（%）	项　目	上年度数量	本年度数量	同比增减（%）
行政处罚数量（件）	3033	2539	-16.29	合　计	7440122	7303778	-1.83
案件移送数量（件）	203	186	-8.37	书　刊	4937904	5740610	16.26
检查经营单位数量（个）	522135	384641	-26.33	软　件	240968	221700	-8.00
取缔违法经营单位数量（个）	2361	1224	-48.16	音像制品	1195203	693861	-41.95
查获地下窝点数量（个）	203	152	-25.12	电子出版物	197044	149265	-24.25
其中：地下光盘生产线（条）	2	1	-50.00	其　他	869003	498342	-42.65
违法经营网站服务器（个）	737	330	-55.22	未分类项			
罚款金额（人民币元）	16155654	23995277	48.53				

九、出版机构、人员

各地区图书、音像、出版物印刷、物资机构数及职工人数

单位：家、人

	图书出版单位 机构数	图书出版单位 职工人数	出版物印刷单位 机构数	印刷物资公司 机构数	印刷物资公司 职工人数	音像出版单位 机构数	音像出版单位 职工人数
全国总计	585	66507	9014	16	1144	386	3926
中　央	218	28809				151	840
地　方	367	37698	9014	16	1144	235	3086
北　京	20	1032	808			13	84
天　津	12	942	201	1	19	8	21
河　北	8	928	676			5	53
山　西	8	640	153	2	106	3	93
内蒙古	7	550	194			1	48
辽　宁	18	1536	157			18	88
吉　林	15	1775	211			9	117
黑龙江	13	927	155	1	52	5	10
上　海	40	3747	185			25	332
江　苏	19	2667	443	1	269	7	118
浙　江	14	1480	705	1		7	109
安　徽	11	1059	354			7	111
福　建	11	759	274	1	32	5	217
江　西	7	1214	143	1	52	5	120
山　东	17	1906	605	1	250	14	93
河　南	12	1440	449	1		6	346
湖　北	14	2311	374	1	125	8	87
湖　南	13	1476	411	1	157	12	103
广　东	19	1666	808	1	49	23	284
广　西	8	1246	252			5	56
海　南	4	329	37			2	4
重　庆	3	1737	110			6	43
四　川	16	1816	307	1		10	229
贵　州	6	392	166	2	33	1	3
云　南	8	778	184			9	58
西　藏	2	105	28			2	16
陕　西	17	1750	247			11	53
甘　肃	9	299	96			3	46
青　海	2	161	42			2	13
宁　夏	3	164	104			1	9
新　疆	10	848	128			2	122
兵　团	1	18	7				

注：全国图书出版社585家，其中含副牌社24家。